Belle

畫畫玩歐洲

帶著畫筆上郵輪工作的夢想家

莊蕙如 Belle…作．繪

夢想的藍圖越畫越大
面對風浪
才能看見美麗的風景

目錄

《一天玩一國，郵輪原來這樣玩》

《回到德國》

築夢之行.

邀請藝術家登上郵輪不僅是希望能為乘客提供更多的船上娛樂，更重要的是幫助他們實現夢想。

初識 Belle 源於其為索菲亞‧羅蘭——地中海郵輪艦隊教母所繪製的一副人物肖像。由橘紅、明黃、海藍色勾勒出的剪影，完全顯現了這位義大利國寶級女性的獨特風韻與優雅氣質。當時我們就在想，是什麼樣的女孩能繪出這樣的圖畫呢？

在媒體鋪天蓋地報導她通過「街頭賣藝」賺得百萬台幣時，我們看到的是 Belle 對生活的熱愛、堅持與自信。這個勇敢、有夢想、富有創造力的女孩，因為愛著繪畫和旅遊，放下人們視為穩定的工作前景——工業設計師的頭銜，隻身前往澳洲遊學打工。面對很多人到餐廳當服務生或者到牧場放羊擠牛奶的選擇，她卻當起了街頭藝人，用自己的一技之長改變了人們慣有的打工方式。

當我們收到 Belle 申請登上 MSC 地中海郵輪時，這個女孩已經身在德國並開始她新一輪的打工度假之行。雖感意外及驚喜，但我們仍心懷猶豫。畢竟世界上從未有過任何一家郵輪公司邀請畫家以「街頭藝人」的身份登船，而且是用度假＋旅遊的方式！

Belle 告訴我們，因為年齡限制，這是她打工度假的最後一年。在 MSC 地中海郵輪作畫是她的夢想，並且她想成為第一個在郵輪上作畫的藝術家。在細細閱讀 Belle 所著的《狼繪玩澳洲》後，我們相信我們能為她實現夢想。於是，我們將 Belle 的心願發到總部，經過努力協調終於幫她申請到 5 個地中海航程的打工旅行。

剛開始，人們並沒有發現船上多了位「女畫家」。漸漸，Belle 的畫變得供不應求。來自世界各地的人們通過郵輪齊聚一堂，用繪畫的方式留下紀念。此刻，郵輪不僅

僅是提供完美旅行的交通工具，更是人們交流、歡聚的 PARTY。

地中海郵輪在短短 20 年內發展成為當今世界第四大郵輪公司，離不開創始人及整個公司團隊的激情，創造性及雄心壯志。正是因為有著相同的精神與理念，我們才能與 Belle 進行這次成功的合作。在郵輪上，我們提供了豐富的美食餐廳、百老匯級演出、迪斯可及娛樂團隊帶來的冒險旅程；而在靠岸時，乘客可以下船遊覽目的地，領略沿途風光。每天，郵輪都會來到一個新的目的地。當你站在甲板上，海風吹來，眺目遠望，便能看到一個新的海岸線。我們將旅途中的舟車勞頓都變成了愜意時光，用充滿藝術的生活方式讓你享受每個精彩瞬間。

地中海郵輪隸屬於 MSC 航運集團，這個由阿旁迪（Aponte）家族於 1675 年建立的海上帝國，一直努力地在成長和發展。從 2003 年開始，公司投資 60 億歐元發展郵輪事業，在短短 10 年時間內，12 艘現代化郵輪分別相繼加入，讓公司擁有了世界上最美麗和現代化的船隊。

如今，地中海郵輪在超過 150 條海上航線及 600 個郵輪航次中遠航世界各地，但地中海的精神始終伴隨我們左右。從地中海到北海再到熱帶地區，我們都將承載著夢想與希望帶領乘客航行到世界上最美的目的地。

事實上，無論是郵輪旅行還是工作都不算新穎，但是將兩者結合，卻開創了一個新的契機。我們歡迎更多像 Belle 一樣富有勇氣和才能的藝術家來到地中海郵輪，並且願意提供更多贊助。今年，我們準備繼續邀請 Belle 登船，前往我們的地中海航線，到義大利、法國、西班牙享受最純正的地中海式生活方式。

我們希望每一位乘客都能夠在地中海郵輪盡情享受屬於自己的自由時光，體驗生命中最特別的時刻。因為我們相信：人生不在於呼吸了多少次，而在於有多少無法呼吸的瞬間。

MSC Cruises
地中海郵輪大中華區團隊
總經理 楊蕾

那年，我放下了工業設計師的頭銜，辭去穩定工作，隻身前往澳洲打工渡假。

準備前往澳洲時，有人笑我要去做苦工，但我給自己踏出那一步的勇氣，無心插柳成為街頭藝人，靠自己的畫，成功以才藝環澳；當我以才藝環澳後，決定要把這些經歷集結成書。

有人問我：「出一本書能賺多少錢？妳要花多久時間才能完成？」

多數人都用金錢來衡量是否具投資效益，但我什麼也不管，只是一股腦想完成，因為出書是我的夢想。

花了半年多的時間，一邊寫稿，一邊找合適的出版社，在這當中，因理念不同，曾與幾間出版社談到合約便破局；也曾被退稿；遇到高姿態的出版社，我設想過最壞的打算，也曾倍感無助，但我選擇繼續堅持完成夢想。

經過一番煎熬，我的故事終於集結成書《狼繪玩澳洲》。
出書後，隨之帶來了許多合作與邀約、贊助商等等，這一切並非我預料之中，原本只是單純想完成自己的事，專注投資心力在自己身上；我這才發現，當全心要完成一件事時，全世界都會幫著你。完成了一個夢想，我便再規劃下一個夢，夢想的藍圖越畫越大。

即便在台灣，可以過著安逸舒適的生活，但我選擇再次出走，前往德國打工渡假，因為我知道一趟旅行所帶來的成長與磨練，將是一輩子的養分。

在德國的寒冬待了半年，無法上街擺攤，我曾迷失方向，不知所措，幾乎沒有收入，就這樣過了半年拮据的生活。同時，我極力爭取在郵輪上畫畫的工作。這份不確信的工作，讓我苦苦等待，等待不確定的未來，內心百般煎熬，實在難受。當旁人開始認為我浪費時間時，我選擇繼續堅持下去，因為我知道如果我想獲得什麼，就不能只看眼前；我更明白，越是挑戰自我極限，越能創造出火花。

一路輾轉遇到欣賞我才藝的人，德國柏林的商家與我簽約合作，也開始漸漸找到方向與目標；同時，得到 MSC 地中海郵輪上船畫畫工作許可，並寫文描述船上生活。

這非常不容易，因為 MSC 郵輪從來沒有這樣子的前例，而他們把這個難得的第一次給了我，一位來自地球另一端的台灣畫家。

白天觀光，晚上畫圖，看似愜意的生活，我卻忙得不可開交，每天一回到房間整理照片、寫文、繼續畫圖；即使待在船上的每一天，我都沒睡飽過，更捨不得睡，我仍樂此不疲。

經過四個多月的漫長等待，收到正式登船通知的那一刻，我興奮不已，我做了一般人不敢做的夢，成為「海上畫家」。
友人對我說：「許多人等著中樂透再去環遊世界，妳不用中樂透，就已經做到了！」
是的！我得到一份人人稱羨的工作，是因為我對理想的堅持。
從事設計與藝術十多年資歷，即使並非一路順遂，未曾想過放棄，才藝環澳時，遇到流浪漢要錢，醉漢搗亂，病態罵我 loser，只是讓我更勇敢茁壯。

這一切的歷練，一步步奠定未來基石，讓我找到屬於自己的一片天，成為旅行繪畫家。

I work hard, I deserve it!

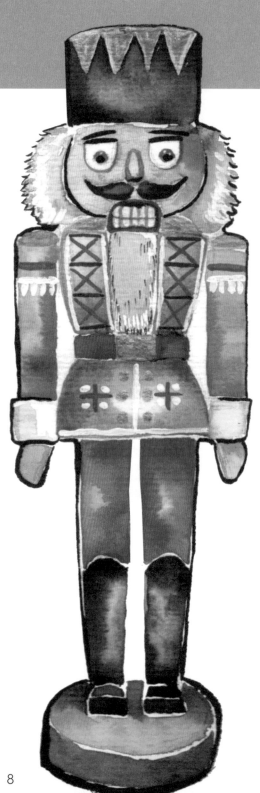

出發前

經歷澳洲一年的畫筆環澳，我的人生就此轉了個彎，從平凡的上班族，跳脫安逸的生活圈，成為旅行繪畫家，不再有穩定收入，卻多了一顆自由的心，找尋到屬於自己的一片天，完成了心中的夢想。

那下一步呢？

這問題在我心裡盤旋許久，回去當正規的上班族，收起傳統畫筆，用電腦軟體繪圖，還是繼續追逐夢想？

我可以回歸正常軌道，但這已不是我要的人生！

我發覺現代的人們時常抱怨生活、抱怨工作，卻拿不出改變的勇氣與決心，而我已經給自己跨出了那一步的勇氣，為什麼要退縮？！

我想要繼續畫畫，畫出的每一幅畫得到肯定，繼續追逐夢想，內心裡不斷吶喊著……我想要嘗試更多新鮮事，體驗不同生活，繼續彩繪人生。旅行讓我開拓視野，增廣見聞，獨立勇敢，我相信還有很多潛能尚未激發，想法就是要不斷地創新，非故步自封，而是透過旅行獵捕靈感。

當我向家人提出再去打工渡假的想法時，老爸老媽從先前的反對和擔憂，也在我經歷澳洲打工渡假後，轉為支持與鼓勵，老媽還不忘叮嚀我再買一個名牌包送她。（因為我從澳洲返台時，送了她一個 LV 包。）

卻在這時，我的身邊有著兩種聲音：
「什麼？！妳還要再出去？那妳男友怎麼辦？去德國也是要當街頭藝人？妳打算把這當職業？那妳以後要做什麼？妳也過太爽了吧！」
這股聲音不斷地把我從夢想拉回現實，亞洲的傳統文化，從小灌輸著我們人生必須按部就班，讀好書，考上好學校，找份穩定的工作，結婚生子，做任何事考量著未來出路，而非一味為夢想戰鬥。

另一邊，卻有著和我一樣渴望追逐夢想的聲音，鼓勵、支持著我，把握當下。
「快去吧！趁年輕就該多出去走走，這才是人生。」
我開始思索著，自己想要的生活與人生，與我年紀相仿的朋友們紛紛成為人妻、人母，而已屆適婚年齡的我仍隨心所欲地出走，似乎與他人背道而馳，有人質疑我的人生觀；有人認為我貪玩；心不定，有人羨慕我無負擔、無包袱；有人佩服我的勇氣與執著。

某位資深的藝文記者看過我的書《狠繪玩澳洲》，便對我說：「書中的內容很精彩，就像一趟奇幻之旅，內頁的編排設計也很棒，加上美麗的圖畫，這是一本值得收藏的書，相信妳去德國後，會有更不同的視野，帶來不一樣的收穫，我開始期待妳的下一趟旅程。」聽了他的評論，我開心至極，滿心歡喜地向男友說：「很多人都說好期待我的旅程耶！」

「我一點都不期待。」他冷冷地說。停頓了一會，接著又說：「妳又要不在台灣了，一個人到處跑。」

充滿了抱怨與無奈的口吻，甚至鐵齒地表示，這次不會來歐洲找我。（上一次，他來澳洲探望我，並旅遊兩週。）

雖然是一個人自在的旅行，必須放下的卻是台灣的一切，情感的牽掛、傳統文化的枷鎖。

我明白這一趟旅行，對我而言不再只是打工度假，而必須有更熟慮的的方向與指標，才有助於提升藝術設計的價值。

腦海裡浮現許多念頭：
我想要出走，因為無法當留學生，所以選擇當個背包客；
我想要開拓視野，用心體驗異國文化；
我想要用我的足跡，寫下精彩人生；
我知道這麼做，是一種不同以往的生活，一種全新的人生就此展開。
滿腔熱血的我，對未來的旅程充滿期待。
為了追隨藝術設計的大本營，選擇歐洲；單純想體驗全新的國度與異國文化，因此選擇非英語系的國家──德國打工度假。

其實我在將近出發時，才驚覺德國並非英語系的國家，而且還要經歷冰天雪地的寒冬，興奮與期待的心情參雜了緊張與不安，我是否能勝任這趟旅程？

我不敢想太多，只有一股腦往前衝了。

Munich

慕尼黑

聽不懂，不得不學德文

14

【什麼都聽不懂，不得不學德文】

慕尼黑為巴伐利亞州的首府，也是德國第三大城。

德國的秋天氣溫低寒，天空總是積著厚厚雲層，落葉紛紛散落路旁，此時，我心裡吶喊著……這是我人生中的第十一個國家，千千萬萬也沒預料會是德國，更沒想到還需學習不曾感興趣的語言。為了學習德語，至語言學校上課，再次重回學生時代，一心只想德文能夠「騙吃騙喝」便足夠！

抵達寄宿家庭時，Home Mom 對我說著德文，我的室友們分別來自日本、巴西、美國、瑞士，個個正值青春期的年紀，卻能說一口流利德文，只有我的程度連 A~Z 都還唸不好，他們以德文聊天，英文成為我唯一的溝通方式，那種聽不懂的感覺真的不好受，如同鴨子聽雷，當下腦袋閃過要好好學德文的念頭。

上課前要接受能力分班測驗，我一個字也不懂，如同文盲，交了白卷，理所當然被分配到基礎班，但當時沒有初級班開課，於是我只好和已學習幾週的同學們一起上課。

‧慕尼黑新市政廳是歷史悠久的新歌德式建築，建於西元1867~1908年，位於慕尼黑瑪莉恩廣場北方，設有市議會、市長辦公室和行政機構，一樓處為旅客購票服務中心。

‧聖母教堂為慕尼黑最大的教堂，以歌德式建築風格，成為慕尼黑最醒目的地標與精神象徵。

記得，第一堂課，老師問我：Wie heißt du?

我一臉疑惑，不知該如何回答，老師再次放慢速度說：Wie……heißt……du??

此刻，老師同學們直盯著我，等著我回答，對於什麼都不懂的我而言，更是額外緊張。

我心想……我就是一個字都不會呀，無論講多慢我也不會懂！（儘管他只是問我叫什麼名字。）

接著，老師繼續問一些基本問題，如：你從哪裡來？你住哪裡？你幾歲？

對我而言，這些簡單問句，卻是如此艱難；老師以「德文教德文」的教學方式，讓我在課堂中，不時呈現茫然狀態，開始後悔出發前沒有先學點德文基礎；隔日，我很快就進入狀況，並不是適應能力好，而是習慣了聽不懂的感覺。

脫離學生時代許久，起初上課感覺新鮮，回味起學生生活，但這樣的模式才沒幾天，我卻開始想要工作，想要畫畫，想要看些設計……想要創作……

其實我一點都不愛讀書，更沒有興趣學德文，在沒有任何動力的驅使下，每天面對

聽不懂的世界，我開始質疑自己為什麼要來德國？！為什麼要再一次挑戰自己的韌性？！

許多消極的想法從心頭湧上來，來得之快，讓我快遺忘了出走的勇氣，我不斷調適自己的心態，強迫著自己學德文，於是，我藉由著每天和室友們的相處，練習德文，晚餐飯後之餘，請他們教我寫功課。

某次，我拿著作業請教他們時，卻因此引起軒然大波，大夥議論紛紛討論我的作業，作業內容是德文文法「分離式動詞」，他們一臉嚴肅跟我說：「這不是妳現在該學的，妳一定要跟學校反應！」

懵懵懂懂過了兩週，初級班終於開課了，我趕緊轉班，對於德文的學習，才漸漸有起色。

一個月的課程，從零到有，了解詞性變化，死背中陰陽性的單字，我終於能以德文自我介紹、問路、買東西、點餐。

雖然只有德文的基礎，卻讓我往後的旅程受益良多。

*晚餐時，我和室友們時常一起聊天並向他們請教德文。
每天我最期待的是寄宿家庭豐盛的晚餐，也因此我學會的第一個單字是『Abendessen』(晚餐)。

*於巴伐語文教機構上課。
能力分班測驗時，由於我交晚，老師就放我出來拍照，教室裡是正在考試的同學們。

歐債危機，上街混口飯吃，一點也不容易

德國是個申請什麼都很麻煩的國家。

他們井然有序，按部就班，事事條理分明。
銀行開戶必須先有入籍證明，再預約開戶時間；慕尼黑申請街頭藝人執照，則需每週一於辦事處抽籤申請，僅提供四個地點工作，一個地點只容許兩位街頭藝人工作，一週費用 50.50 歐元。

當我拿著護照準備申請街頭藝人執照時，慕尼黑市政府的人員質疑起我的簽證，不能靠自己能力賺錢，必須受僱主聘用，我和他們爭論起來，便告知他們，當初申請簽證的德國面試官，是准許我來這工作。原本他們想隨意打發我，卻沒料到我為此事據理力爭，於是他們打電話向其他相關機構詢問，甚至上網搜尋『Working Holiday』的涵義。

最後，證明我的簽證的確可申請執照。

● 護照上的簽證寫著：打工度假簽證之
規定，只能讓同一僱主聘用最多3個月。
也因如此，一板一眼的德國人解讀
為不能獨立工作，讓我一度想將此頁
撕毀。

我按照規定於週一一早排隊抽籤，先給市政府人員鑑定作品，當我拿出我的作品並表明我來這裡的目的，似乎作品讓他們為之驚艷，態度不同以往，反而開始熱心幫忙。可惜的是，我並沒有抽中籤。正當我失望低落時，其中一位街頭藝術家好心地將他的位子和我一起分擔，我也因此有執照工作。

結束四週的德文課程，我離開溫暖的寄宿家庭。對我而言，一切是嶄新的開始，收拾起包袱，準備踏上流浪的旅程。

離開寄宿家庭的那一天，空中飄下冬天的初雪，也是我第一次見到「雪」，白雪覆蓋一切，銀白的世界景色怡人，讓我興奮地拿起相機猛拍照，全然忘了寒冷，也忘了自己必須上街工作。

7kg.

33kg

• 移動最痛苦的是帶著笨重的行李.
國外很多地鐵出入口沒有提供電梯,通常我會站在那裡.
等待「壯丁」出現,再用眼神攻勢尋求協助,有時候也可
能等待了數十分鐘,就是沒遇到任何人,只好使盡全力,獨
自搬運40kg的行李.

馬鈴薯球.
用現成的馬鈴薯粉調味包製作.
吃起來口感類似「發糕」.

紅酒燉牛肉.

沙發客布屋主通常烹煮各自
國家的食物招待彼此, Jones
做德國傳統食物招待我.

Diary 沙發衝浪初體驗

我一直很想嘗試不同的旅行方式,並非沿用舊有模式。

沙發衝浪是我不曾體驗的旅行方式,也未曾想過要當沙發客,卻在我結識各種旅行方式的旅者後,讓我的心中萌起對沙發衝浪躍躍欲試的念頭。
這個決定讓我的親友們倍感意外,男友更是極力反彈,他們都認為這樣太危險了,甚至不能理解為什麼我願意如此冒險。

省錢是當沙發客的原因之一,從中能認識當地人,融入當地生活,而非從旅館內結識觀光客,這些已經不是學校能教的事,更不能藉由他人的描述而取代。

許多屋主之所以願意接受沙發客,正是因為他們愛好旅行,曾經也是沙發客,在回到各自的國家後,開始提供其他旅者免費住宿,因此,屋主和沙發客之間最大的共同話題,就是旅行。

我的第一個屋主 Jones，在我寄出入住要求後，他第一時間回覆我。

那天，同學們為了我的安全考量，一起幫忙搬家。當我們一行人踏入 Jones 的住所時，面對著凌亂不堪的房間、發霉的床單，四處積著厚厚的灰塵，散亂滿地的空酒瓶，我們都被這環境給愣住了。同學們開始議論紛紛，看著房間內的床和一張沙發床，該不會他睡床上，我睡沙發床上，兩個人睡一間？！

即便抱持著忐忑不安的心情，我也來不及改變現況，於是，我在瞞著家人和男友的情況下入住了。

到了夜晚，Jones 走進房間時，我緊張了一會，心想著如果真的發生什麼事，如何以最快速度將枕頭下的防狼噴霧劑拿出來！

所幸，是我虛驚一場，他確實跟我睡同一間，但他一回到房間立刻躺在他的床上，呼呼大睡了。他似乎很習慣接待來自各國的沙發客，而我就像個沒見過世面的沙發客。

接下來的幾晚，我和他同房不同「床」，就如其他旅者所言：「就當做是睡青年旅館的 mix room。」

這段期間，我們交談的次數並不多，但他與他的室友們對我釋出極大的善意，與我分享德國傳統料理，我也和他們分享台灣食物。

這是我的第一次沙發客體驗，雖然沒有一張大床，也沒有一間單人房，但卻有著溫暖的人們，無條件和我分享他們的一切，也讓我真正融入「當地生活」。

我深深覺得，願意接受沙發客的屋主，都有著開敞的心，擁抱著所有迎面而來的人事物。

從他們身上，我感受到德國人溫暖的一面。

•Jones室友的爸爸，在我居住期間，這位德國老爹用盡他所會的數
 來跟我溝通，每天我們兩個都一起煮飯，等其他人回家吃飯。
 老爹說：We are good chef.（我們是大廚師）

• 這位客人拿到這幅畫時，笑著問我：
「Why do I only have one eye？」
我笑著跟他說：「另一隻眼睛，給你自去想像。」

Diary　畫畫不再能維生？！

擺攤的第一天，正在融雪，樹上的積雪如剉冰般不停掉落在攤位上，我也被冷得直發抖，鼻子因冰冷而通紅，凍僵的雙手已無知覺。同學們前來探班，送上熱可可為我暖手，顫抖的雙手卻把熱可可也灑了出來。酷寒的溫度，讓我一度覺得自己瀕臨往生，將變成賣火柴的小女孩！

攤位的地點位於中央火車站附近，來來往往的人潮大多是趕著搭車，停下來看畫的人並不多，即便只是給個讚美或微笑，都變得如此吝嗇，當下，我感慨的不是身軀不敵寒冷的天氣，而是這邊冷漠的人情，我甚至心想……如果我凍死在路邊，應該也不會有人伸出援手吧。

德國人不僅嚴肅，還不苟言笑，這和我以往擺攤的經歷大不相同，我不懂德國人為什麼這麼不近人情？！
擺攤的第二天，在寒冷的街道等待許久，第一位客人終於上門，我也因此畫下第一幅水彩人像畫。
創作的過程中，凍僵的十指無法握好畫筆，顫抖的雙手需耗費更多時間才能勾勒出

簡單輪廓。
擺攤的那幾天，我也因受寒而重感冒。

當下，我只有一個念頭，我一定要想別的生存之道，避開寒冬。

幾次旅行下來，會發現最常幫助我的人，也都來自異鄉。

他們是來自厄瓜多的藝術家，販賣他們手作的手工藝品。
申請執照那天，我並沒有抽中籤，Galo 將他抽中的位子和我一起分擔，我才因此有地方擺攤。
當他得知我是旅者，所以攤位上的行頭相當簡便，於是他們每天借我桌椅，即便他們只會西班牙文和德文，即便我的破德文和肢體語言成為我們唯一的溝通方式，我仍感受得到他們的善意。

• 他們借我的桌椅和架子.

Enrique Saramsig

Bella
3. Nov 12

•某次, 他向我詢問水彩畫的價錢, 為了答謝他們的幫忙, 於是我向他們提議交換禮物, 請他們以德國國旗顏色編一條幸運繩給我, 而我畫一幅水彩畫送他.

•左邊攤位是我的, 右邊攤位是他們的, 有時候我們互相幫忙顧攤位.

• 我曾問Thomas：「為什麼德國人這麼冷漠？」
「因為天氣很冷吧……」身為德國人的他，笑笑著回覆.

Diary 和德國人相處

沙發客彼此間似乎有著微妙的聯繫關係，在 Jones 的介紹下，我來到 Thomas 的家。
他是一位遊戲設計師，專門設計網路遊戲。
他住在約三坪大小的獨立戶，屋內乾淨整潔，就像他的人一樣拘謹有禮，應該說就
像典型的德國人。

他可以數日足不出戶，只守在電腦前設計遊戲或是打電動，三餐只吃喜瑞兒穀片加
牛奶，這點還真讓我不能理解。
每當用餐時間，基於台灣人的習慣與禮貌，總是會問對方吃飽沒，並邀約一同進餐。
某次，我做肉絲蛋炒飯，他原本只是姑且品嚐一口，卻沒想到那一口讓他胃口大開，
即便當時他已用過晚餐，仍是嗑光一大盤炒飯。從那之後，他對我更為親切，每天
期待我烹煮美味料理，和我一起分享食物，帶我參加 Party 聚會。
從他身上，我體會到德國人基於保護自我，不輕易對外人友好，可是一旦他們將你
視為自己人時，將釋放無限的善意。

直到我要離開之際，我開玩笑地對他說：「我離開後，就沒人煮飯給你吃了。」

他也意識到此，便說：「如果妳想要繼續待下來的話，妳可以留在這。」

「你怎麼不早說？！」我正將行李箱蓋上，驚訝得瞪大雙眼說著。

因為，屋外已有另一個沙發客屋主開車來接我；換一個屋主，又是一種挑戰和風險。

於是，我便對他說：「如果那邊有什麼問題的話，我可以再搬回來這嗎？」

「可以的，妳如果有任何狀況或任何問題，都可以搬回來住。」他帶著肯定又親切的語氣說著。

想不到，一手好廚藝成為我能繼續留下來的原因。

● Thomas 在沙發衝浪留給我的評價.

Positive

Belle is a real charm. She's very nice, a good cook and a great artist.

She also has a very unique sense of humor that is guaranteed to catch you off guard.

It was a pleasure hosting her and I wish her the best for her journey and I'm looking forward to see her new book someday. =)

- T.

讚
Belle 真的非常迷人，很友善又很會煮飯，還是優秀的藝術家，她的幽默感也很獨特，一定會讓你意想不到。很榮幸能接待她，希望她的旅途順利，很期待有一天能看到她的新書：)

•居住期間我正因感冒而不停咳嗽，
Franz拿此特效藥給我，讓我才吃
兩天就藥到病除，而且這感冒藥
不但神奇又好吃.

Diary 安逸的生活，失去動力

每當要換另一個屋主時，總是令我既擔憂又期待，不知道對方何許人也，再次面臨
陌生的居住環境，同時也考量安全問題。

一踏進此房內，映入眼簾是摩登又有設計感的居家、寬敞的空間。Franz 向我介紹著
屋內的環境，並告知我所睡的沙發位於他的工作室，對於已許久沒有單人房的我，
開心看著他的工作室說：WOW~~I have a private room!

除此之外，他還提供給我乾淨的浴巾和枕頭棉被，讓我又欣喜若狂地說：WOW~
Just like a hotel!

居住期間，他希望我能有家的感覺，冰箱任何食物都任我食用，儘管我睡的是他的
工作室，他有時候想進來用電腦時，還會不好意思地跟我打聲招呼，深怕打擾到我。

他還因此問我：「妳在這住得還舒適嗎？」

我表示肯定地回答著，並跟他說：「我從來不知道睡一張沙發，可以這麼好睡，好
到讓我不想移動，不想離開這了！」

越安逸的生活，往往讓人失去追夢的執行力，我必須上緊發條，繼續啟程流浪。

* Franz 不僅是賣傢俱的業務, 同時還自
創燈飾品牌 Him & Her, 比燈飾還得
過 Red Dot 設計獎.

* 我所睡的沙發位於工作室內,
是一張頂級的義大利沙發,
相當舒適, 同學們一個個都賴
在我的沙發上 不想離開了.

慕尼黑啤酒節
Oktoberfest

慕尼黑啤酒節為慕尼黑最著名的節慶，每年的九月底至十月初，慕尼黑舉辦為期兩週的盛大啤酒節，又稱為「十月節」。最初起源於 1810 年，當時是為了巴伐利亞太子的婚禮，演變至今，已成為啤酒嘉年華的形式。

一踏上德國領土，恰巧碰上慕尼黑啤酒節，這似乎意味著……一下飛機就把酒當水喝吧！

啤酒節慶為期兩週，街上不時可見德國人為了參加啤酒節而穿著傳統服飾。那裡像極了一個大型遊樂園，搭起的大棚子為飲酒作樂之處，棚內有樂隊奏樂，有人跳舞、有人接吻、有人從早喝到晚，處處可見醉醺醺的人們。更有趣的是，平日嚴謹的德國人在那時通通大解放了！

即便個個身著傳統服飾，衣服下卻包著狂野的內心。我只是拿著相機記錄，一個個帶著醉意的人們便自動面對鏡頭要求拍照，有的甚至要求我一起合照，合照時將我的腰摟得好緊，拍照畢，還帶著醉意主動要對我獻吻，這……啤酒節根本是女性狂歡解放，男性趁機吃豆腐！

這已不是我所接觸的德國人，不再是一板一眼，而是脫軌失控，就像一個乖學生學會了撒野使壞。

看著他們誇張脫序的行徑，我越覺得新奇有趣，內心裡忍不住吶喊著：「哇～～我喜歡啤酒節！」

‧啤酒屋外，我看到一對「醉人」。
和鬈女子不屑顧他人眼光，親到忘我，
將雙手雙腳環繞在男生的身軀上。
在國外街頭接吻並非稀事，但他們
熱情狂吻的模樣，讓所有路過民眾
邊拍照邊說：Hey man! Go get a room!
（去開房間啦：）

‧看著沈醉於酒精下的人們，您然有「眾人皆醉，我獨醒」的感覺。哈～

啤酒節服飾

· 啤酒節期間，處處可見人們穿著巴伐利亞的傳統服裝參加啤酒節。

· 格紋襯衫

· 皮革吊帶短褲

· 厚底鞋

· 小腿襪

· (撐胸很重要) 緊身胸衣

· 褶裙

· 圍裙

· 娃娃鞋或船型生高跟鞋

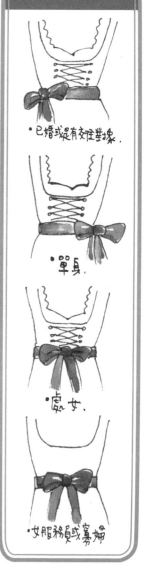

圍裙蝴蝶結意義

· 已婚或是有交往對象。

· 單身。

· 處女。

· 女服務員或寡婦

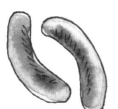

・德國香腸.

粗鹽

・扭結麵包.

各式各樣的薑餅.

・德國豬腳+酸菜+馬鈴薯球.
南方為烤豬腳,北方為水煮豬腳.

・進入啤酒節的帳篷內飲酒就必須
點一杯一公升的啤酒,一公升啤酒要價10歐元.

・舉起手中的一公升酒杯,來對方的酒杯互撞,
並大聲說出:「Prost!」(德文:乾杯.)

33

Belle. 25. Oct. 12

【新天鵝堡 Neuschwanstein Castle】

在君權時代，巴伐利亞國王路德維希二世無心從政，卻是個藝術狂熱者，時常與內閣長老意見相悖。他的感情生活一片空白，22歲那一年，他在舉行婚禮的兩天前，忽然解除與巴伐利亞蘇菲公主的婚約，此後終生未娶。

他不滿著自己徒有名譽的身份，企圖改變卻不得其所，於是便打造一個專屬自己的世界。

他以畢生心力打造著夢想中的城堡，耗資巨額，惹民怨，甚至讓眾人直認為他有精神病，在他入住城堡的第172天便過世，原因不明，當時的城堡只完成了三分之一。

瞭解故事之後，原本看似童話中的城堡，卻染上淡淡悲傷；國王追逐著夢想，卻無法在有生之年完成。

人與人之間牽制著彼此，有許多想法與夢想在心裡盤旋；若是過於在意他人的觀點而卻步，嘗試的勇氣也將隨著時間褪去，最後，夢想也只是空想。

我欽佩路德維希二世對藝術的狂愛熱衷，即使被眾人視為不可取，他仍是以堅定的執行力用盡畢生心力投入。

現今，新天鵝堡已成為德國的熱門景點之一，我想這一切是當時的人們始料未及。

·當地購買的明信片.

·巴伐利亞的新天鵝堡聳立於群山環抱中，鳥瞰四周緩緩起伏的檜柏林，幽靜的景象與新天鵝堡互相輝映著。這是迪士尼童話故事中的城堡，也是夢想家的城堡。

【旅行的噩耗】

旅行最可怕的事，就是面對無預警的惡耗。

決定踏上長期旅行時，很多事物必須懂得放下，學會割捨。雖說是出走，心卻與台灣密不可分，關注台灣的時事動態，和家人朋友保持聯繫。

曾經有記者問我：「旅行時，會不會想家？」
我說：「唯一一次想家，是看到老媽抱著我的貓和我視訊，當下我真的好想衝回去抱抱她。」

坦言之，每次的旅行，最讓我牽腸掛肚的是養了 11 年的老貓——小丟。

當她只有一個月大，還是隻營養不良的流浪貓時，我開始照顧她；她沒有獨特的外表，也沒有尊貴的血統，有的只是黏人又愛撒嬌的個性。我和她朝夕相處，這樣的日子就過了 11 年。
她總是陪伴我度過許多開心與不開心的時光，我和她已有著某種默契，那是只要透過眼神就能溝通的方式。我常常和她說話，她也會喵喵著回應我；個性溫馴的她，即使被當玩具般嬉鬧著，她也不太會發脾氣；偶爾會調皮搗蛋，卻總是在我身旁裝乖，即便已是隻高齡老貓，卻一副天真的模樣。

那年，我在澳洲時，家人告知我，小丟生病了，病懨懨地癱軟在床上。平日很少打電話回台灣的我，立刻致電叮嚀家人要帶她去看醫生，那次是向來健壯的她第一次生病。

結束一年的旅程，我從澳洲回台灣。看到她時，我呼喊著她的名字，她以憤怒的聲音回應著我，讓我知道她的不悅，她以為我拋棄她，我趕緊獻上熱情的擁抱，緊緊抱著她，她氣歸氣，心卻在我懷裡融化。

日後，她變得更黏我，就像個小跟班，常常與我同進同出。

當我打包行囊準備踏上遠赴德國的旅程時，她在一旁觀看著，似乎知道我要再度遠行，離開台灣的那天，我抱著她和老爸說：「要幫我好好照顧她喔！」一邊說著，不捨的心情讓我眼眶泛起淚水。

剛到德國的那幾天，家人告知我，小丟常常對著空蕩蕩的房間喵喵叫，接著便落寞

地走了出來，她似乎感受到孤單。每當我和家人
視訊時，我叫著「小丟」，她也喵喵回應我，我
知道她思念著我，我也想著她。

以往她會自己出門散步，也知道要回家，但她卻
在我生日那天，出走未歸。

家人為了不讓我傷心，一直瞞著我走失的消息，
他們認為她是年紀大了，身體不好了，找地方躲
起來安詳。
當我知道此噩耗時，我哭了一整天，什麼事都不
想做，倍感無力，開始自責，當初為什麼要毅然
決然出國遠行……

我知道與寵物相處，終究有分離的一天，但我不希望是無預警的情況下分開。身處國外，面臨噩耗，對我的心情有極大影響。我可以獨自面對旅行的艱苦和挫折，告訴自己要堅強，不可以被打敗，但是我真的無法接受，就這樣失去她。

情緒再也壓抑不住，淚水潰堤，我放聲大哭了一場，沙發屋主關切著我，另一位沙發客在臨走前，給我一個擁抱，同時對我說：I hope everything will be fine and you enjoy your time in Europe.（希望一切都會沒事，享受妳在歐洲的時光。）
雖然我與她不相識，但當下脆弱的心情，即便出於陌生人的擁抱，也覺得好溫暖，於是在她的懷抱裡，我又再次放聲哭泣。

這打擊讓我面對未來的旅行倍感無力，情緒也 down 到谷底，阻礙了我向這個世界完全敞開心胸，無法卸下牽掛，忽然覺得未來的旅途如此漫長。

我靠著意志力告訴自己，一切都會好轉，也在此刻，我毅然決然要離開慕尼黑，因為我需要轉換的空間和心情，我需要全新的環境來調適悲傷的情緒。

密尋愛貓

品種：米克思
姓名：小丟（母貓）
年齡：11歲
體重：4公斤左右
特徵：棕灰色虎斑貓，脖子上帶有黑白豹紋鈴鐺項圈，已結紮，有植入晶片
個性：溫馴，愛撒嬌
失蹤日期：10月25日傍晚

·小丟出走，讓我擔憂不已，趕緊製作尋貓海報，請家人朋友在住家附近
張貼，在這當中，曾有許多熱心民眾致電已尋獲小丟，但往往又是相同
外表的條紋貓。

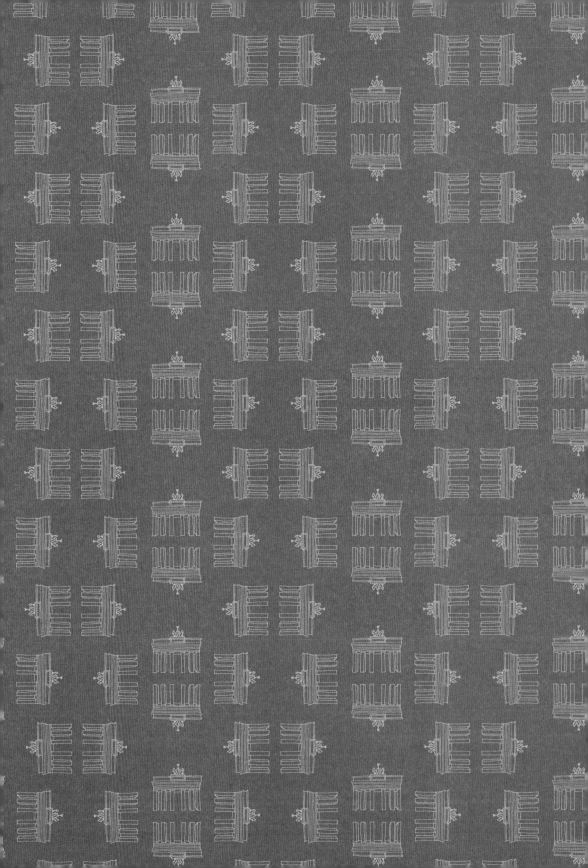

Berlin

柏林
一個曾經分裂的城市

•布蘭登堡門是柏林的象徵，它也見證了許多歷史事件.

【一個曾經分裂的城市】

柏林是個曾經分裂的城市，柏林圍牆將柏林一分為二，屹立了 28 年，直至 1989 年倒塌，留下許多荒蕪地帶，破損的建築。百廢待舉：交通的統一與規劃、窮苦的人民、失業率居高不下、經濟水準的差異、東德人與西德人的心理隔閡，還有大量的外來移民人口。

也因如此，柏林不同於德國其他城市，具有多元化的特色，充滿各國風情，從建築區域便可分辨是東或西德，從人們行為舉止便可分辨外來的移民還是德國人。

柏林的多彩多姿，成為不讓人寂寞的城市，我想這是我喜歡柏林的原因。

Belle 17. Dec. 12

43

現今的柏林圍牆，有的佈滿口香糖，有的盡是塗鴉創作。

柏林圍牆代表德國分裂期間。

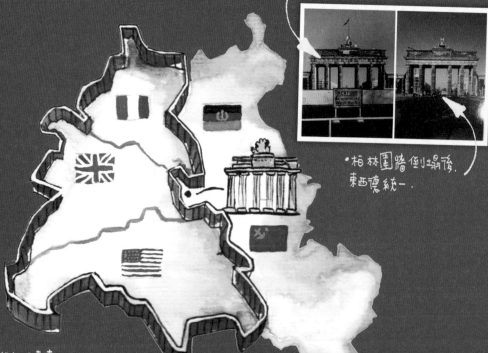

柏林圍牆倒塌後，東西德統一。

西柏林在東德領土裡面，柏林圍牆不單只是一片牆，而是將整個西柏林圍繞起來，總長達155公里。

大雪來臨，不能擺攤，我該怎麼辦？

聽說時間和空間的轉換，能減少悲傷的情緒，於是，我抱持著平復心情的心態，來到德國第一大城──柏林。

我現在唯一的想法就是要申請街頭藝人執照，為此我跑遍各大辦事處，才查詢到真正能申請街頭藝人執照的地點。

那裡有排隊等著辦事的民眾，輪到我時，辦事人員卻只講德文，在完全無法溝通的情況下，我被要求離開辦事處。被這樣隨意打發，讓我心有不甘，於是我迫切尋找任何會說英文和德文的人來幫忙翻譯，我走到街道上，隨機找一位會講英文的德國人來作為活體翻譯機。

這位路人好心幫我翻譯，告知辦事人員我想申請的執照，待一切表明後，街頭畫家執照一個月 128 歐元，所有畫家僅能於同一個固定點工作。他幫我翻譯的同時，也對這高費用和奇怪的規定感到荒謬可笑，除此之外，卻再次因簽證上的那幾行字，辦事人員認為我不可以靠自己工作。這次即便我如何據理力爭，他們也不願打電話求證，反而要求我提出工作證明文件。

為了避免再次為此點爭論，我專程前往柏林市政府，要求文件證明我可以工作，而且是靠自己能力工作！

市政府人員看著我的簽證便對我說：「妳可以靠自己能力工作，妳的簽證就是證明，不需要其他文件。」
「我知道呀，但他們不相信我，硬是要求我出示文件證明。」我無奈地說。
市政府人員便留下 e-mail 給我，便表示如果申請時碰到問題，請對方寫信來詢問。

為此點爭論我已倍感無力，並認為德國人不是一板一眼，而是死腦筋！

Working Holiday 簽證對他們而言太稀有，一年只有兩百名台灣人擁有此簽證，在這之中，需要申請執照的人寥寥可數，而我就像開闢道路的先鋒，辦起事來額外費力。

雖然未順利取得執照，我還是先至畫家擺攤的地點觀看。冷清的街道上僅有一位畫家在此工作，我主動向她攀談幾句，她表示這是她最後一天在此工作，因為冬天即將來臨，天氣過於寒冷，已不適於街頭賣畫。

我感慨地嘆口氣。低寒的氣溫，讓那口氣漾成一團白煙，不禁想起在慕尼黑擺攤受凍的日子，同時想起那時曾經有一位老婆婆跟我說：「這裡不像澳洲，德國人很冷漠，妳在這邊擺攤是無法維生的。」

當下我決定不再去申請執照了。
是的，我不該選在冬天擺攤，而是該尋找其他生存之道。

•在柏林圍牆附近有負責為觀光客蓋
VISA STAMP做紀念，現今只需付費即
可擁有.

•東西德未統一前,東德前往西德需要
簽證蓋章,一個簽證章為25歐元,可前
往西德14天.
德國人只需蓋2個章即可前往.其他國
家的人民則需蓋滿7個章.

• 我因和蓋章男多聊幾句，起初他只免費幫我蓋了一個章，接著，可能聊天讓他心情特好，順勢把其他章全一起免費蓋給我了。

• 東德特有的「戴帽紅綠燈小人」，這是全世界交通號誌「小人」的始祖。此圖經由柏林設計師的創意，一舉躍上百種生活用品，如馬克杯、包包、衣服、筆記本等等。

那時正處失業的她也是經濟拮据，那時期，我入住期間曾不小心打破碗，應求賠一個碗，大家在異地謀生，確實不易。

Diary 異地謀生

媒體報導一直別具影響力。

Ying 在柏林從事燈光設計，她透過一篇關於我的網路報導，得知我將前往德國，主動邀約我入住，讓我在柏林有了第一個落腳處。

她招待我入住幾週，當時我卻因天氣因素不能工作，可是也不便一直白吃白住，尤其她也正逢待業中，於是我開始幫忙分擔房租，算計著自己還剩多少歐元，扣除掉房租交通、伙食後，一直沒有收入的情況下，我是否撐得過冬天？

我知道我也可以將帶來的歐元盡情揮霍，享受異國生活、觀光旅遊、購買紀念品，錢花光了就回台灣，但這已不是我當初要出走的目的；我必須尋找新的謀生方式、新的方向，我必須一再挑戰自己的極限，逼自己創造些成果。

此時，我忽然想起友人提及過泰國畫家在郵輪上畫畫的經驗，倘若我也能在郵輪上工作，成為一位海上畫家，那一定是相當特別的體驗。
於是，我向台灣的 MSC 郵輪代理商提出上船工作的意願，並寄出數千字的申請書，洋洋灑灑寫下上船工作的意願，表達強烈的積極態度。我不確定是否能申請成功，但我仍是將郵輪列為我的未來旅行規劃，因此停留時間變得不確定，也不便租屋，於是我決定再次當起沙發客。

Diary 誤入賊窩？！

沙發衝浪是會上癮的。
省錢是原因之一，還能結識各行各業的人們，格外有趣。

找 Host 時，不僅可以依評價判斷安全性問題，對方的職業也成為我挑選的原因之一。
J 君和我有著共同設計背景，他來柏林學習工業設計，目前正在設計公司當實習生，
因此我決定選擇此屋主。

入住期間，我發現 J 君和一般屋主不同，他願意收沙發客並非喜愛旅遊，也不是想
廣結善緣，而只想要有人陪伴。短期停留那幾天，他總是和我說著跟前女友的種種，
很明顯釋出他的寂寞，甚至在我離開後，他特地來電關切我，電話那頭的他，聽起
來既落寞又孤寂。

數日後，我與 A 女相遇，聊天之際，發現我們都曾待在 J 君的住所，而 J 君卻要求
她與他同床，甚至謊稱「每一個沙發客都是與他同床的」，由於他沒有負評，她姑
且相信他；不料，半夜時，J 君卻將臉部與身軀貼近她，A 女的頸部感受到他的呼吸
氣息，他甚至順勢環抱住她！她嚇得立即躍起，隔日天一亮，火速離去。

當我得知此事時，感到訝異不已，我居住 8 天期間安然度過，難道是因為當時我正
逢生理期而逃過此劫？還是因我曾經在他面前和台灣的男友通過越洋電話？
一個長期招待沙發客的屋主，沒有負評價，為什麼會忽然做出此舉？是寂寞難耐？
還是另有預謀？

我一直以為可以透過評價避開沙發衝浪的風險，然而，在此案例顯然不成立。

沙發衝浪小叮嚀：
• 屋主個人資料介紹越完善越豐富。
• 細讀該屋主的所有評價內容，分辨是否造假。
• 避開評價只有女性留言的，真正好的屋主會男女均收，而非偏好異性。
• 將屋主聯絡方式或地址提供給親友。

沙發衝浪，
衝到旅館畫壁畫

沙發衝浪雖能找到短暫的停留住所，節省住宿開銷，卻免不了要一直更換屋主，找尋新住所頗為麻煩，尤其在飄雪的季節裡，移動搬運更加費力。

投遞出郵輪申請後，我每天醒來第一件事總是確認信箱是否有任何回覆信件，馬不停蹄詢問後續，同時又繼續尋覓沙發衝浪的落腳處。

我總是會寫下詳細的自我介紹，並附上粉絲專頁連結，讓屋主更加認識我，也能提高被接待的機會，就在投出數十封信件後，其中一位屋主回覆：

I checked your message and your facebook page. looks very nice.
i see you have been in Berlin apparently for a while. how is it going?
Sorry i wont be able to host you but perhaps i can help out somehow.
I am currently working in a hostel and maybe you could do some of you
paintings in one of the walls of the hostel in exchange to stay.

Arthur

（我看過妳的留言以及臉書專頁，看起來很棒。顯然妳已經在柏林待好一陣子了，玩得愉快嗎？抱歉，我沒辦法招待妳，但或許可以提供另一種協助。我目前在一家旅社工作，也許妳可以來幫旅社的一面牆壁作畫，藉此交換食宿。亞瑟。）

看到訊息時，我既覺得新鮮又有趣，我曾經以教畫畫做食宿交換；壁畫創作換取住宿，這是另一種特別體驗，也避免一直移動換沙發屋主的麻煩。於是，我立刻與 Arthur 相約至旅館詳談合作細節。

這次沙發衝浪衝到旅館了！

請問是恐怖旅社嗎？！

柏林圍牆倒塌後，東柏林與西柏林的差異，從建築外觀越是明顯可見。在東柏林，沒有繁華，而是一片蕭條荒蕪的地帶，老舊不堪的建築，即使東西德已完成統一，卻改變不了歷史的痕跡。

Aloha Hostel 位於東柏林市中心，許多外觀看似不起眼的老舊公寓建築，牆上盡是凌亂塗鴉，樓梯間還飄出一股令人作噁的異味。

當時我心想……我該不會要住在恐怖旅社裡吧？！把畫作留在恐怖旅社，這樣好嗎？！

在昏暗的燈光加上詭異的異味下，我小心翼翼踏上階梯，越是接近 Hostel，每一步都讓我心生排斥與不安。

所幸，通過了恐怖的大門與惡臭的樓梯間，旅館內一切安好，一如往常我曾待過的

青年旅館，以平價親民的價位湧進各國背包客入住，提供免費網路、免費早餐、免費咖啡茶飲餅乾，而我將以畫家的身份食宿交換。

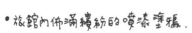
•旅館內佈滿繽紛的噴漆塗鴉．

第一幅：雞蛋花

旅館內的牆面佈滿許多塗鴉創作，多數為噴漆創作，顏色混雜，在昏暗的燈光下，彷彿走入糜爛的空間。

在 Arthur 的帶領下，我進入需要創作壁畫的電腦室，漆黑凝重的深色系映入眼簾，牆面上還有之前未完成的塗鴉。此電腦室不單單只是提供住客上網，同時也是用餐聊天的地方。

當時，我只有一個想法，我要創作出一個舒服的環境，要讓待在此環境的人感到舒服自在的空間。

於是，我問 Arthur：「我想畫什麼都可以嗎？」

Arthur 思索一下，便說：「妳可以先給我看看草圖，然後再畫到牆上。」

於是我構思了許多方向，最後以「Aloha」旅館名為創作方向。

雞蛋花具有南洋風情，也象徵愛與和平，我便以雞蛋花為主題創作。

*手繪草圖．
畫草圖時，靈感和想法就像瞬間湧出，卻正逢Arthur
連續假期暗假，我實在無耐心等候他休假歸來，於是
我並未和他討論草圖構思，便直接拿起畫筆在牆面上
揮灑。面對明知道為什麼，每畫下一筆，我都深信他會喜歡，
大家都會喜歡，即便這是我擅自作主的創作。

1. Arthur提供所有壓克力顏料和畫具,這些材料費 共150歐元呀!!

2. 未創作的牆面,整間唯一一面白色牆面.

6. 描外框,畫背景.

7. 旅館內的員工在好奇心的驅使下,不時前來觀看我作畫.他們拿起畫筆假裝也在作畫中.

9. 畫作即將完成,開始反覆修補細部.

3. 開始打輪廓.

4. 上底色.

5. 畫出雞蛋花的立體感.

8. 從左半邊漸漸畫到右半邊.

10. 右下角畫上椰子樹.

11. 簽名完成.

• 設計想法：
　以雞蛋花代表『Aloha』的象徵，外型恰似星形的雞蛋花佈滿天空，於右下角簽名處，畫上兩棵椰子樹，彷彿在海灘欣賞雞蛋花的星空。

Belle 莊惠如
18. Jan. 2013. From Taiwan.

• 並非每一幅壁畫店家我都會畫上台灣國旗，但在國外創作，要藉此證明這幅畫是出自台灣的畫家。

第二幅：剪影

當時雖是以畫畫做食宿交換，卻沒有確切講明我可以待多久，或需要畫幾面牆。停留旅館期間，我和其他員工皆以食宿交換，他們的工作內容為確定旅客訂房、打掃旅館、清潔碗盤等，而我只需要拿起畫筆，在牆面上創作。

相較之下，有人覺得我的工作內容看似輕鬆容易，卻具有無人可取代的專業性；也曾有員工因心裡感覺不平衡，想要求我打掃廁所，但我以堅定的立場表示，這不是我的工作範圍，我是來這畫圖的！

每每遇到這類的人，總是讓人百般無奈。多數人以時間換算薪資，看著數字說話；藝術家創作時，外人只看到揮揮畫筆便能完成作品，羨慕著藝術家具有獨特天賦，卻忽略了那是長年努力的成果。

記得，國三那年為了報考獨立招生的復興商工，老爸每天送我到畫室學畫，那是我正式學畫的啟蒙。經過復興美工三年的磨練，為了打穩基礎，畫了數不盡的作品；大學四年繼續進修設計，前前後後，在這塊領域研習了 8 年。出社會後，把自己當成一塊海綿，從事工業設計師這份工作，讓我從手繪到 2D 電腦繪圖、3D 繪圖軟體樣樣通。

沒有間斷、沒有停歇、沒有放棄，只有堅持，先前的經歷，讓我更專精於自我專業領域，從中得到肯定，成為努力向前的動力，永遠抱持專業的態度，創作更好的作品，同時也需要他人以專業的眼光看待這份工作。

· 手繪草圖.
　當時 Arthur 要求我畫電腦室的另一面牆時,也因大學主修室內設計,對於
　營造室內的氣氛和空間感,更能透過壁畫效果呈現.
　我不希望房內因過多圖畫造成空間凌亂和雜擠,為了營造整體感,
　以剪影方式繪製雞蛋花.

1. 原本的牆面是黑色配上綠色線條，還有未完成的塗鴉，黑色牆面讓空間更顯得狹小擁擠。

2. 我決定以芥末黃作為房內主色調，搭配雞蛋花，藉此營造房內整體感。

5. Arthur 第一次買明黃色油漆讓我調色，第二次透過他叔叔跑腿，卻買錯顏色，讓我難以調出想要的芥末黃，以至於右下角明顯一塊色差。

6. 粉刷油漆完成時的雙手。

10. 當我畫到此時，大家誤以為已經完工了。

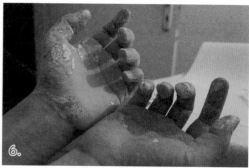

11. 但我還在繪製白色雞蛋花作為點綴。

3. 為了彰顯房間的舒適和明亮,與Arthur商討後,他願意讓我將
整個牆面重新漆過.

4. Arthur的叔叔幫忙一
起粉刷牆面.

7. 開始打草稿.

8. 先以雙色剪影繪製藤蔓.

9. 為了掩飾不同色塊的粉
刷,臨時決定在下方繪
製葉子.

12. 在電腦桌上爬上爬下.旅客在一旁認真上網,我在專注畫圖.

· 這間電腦室，從漆黑轉為舒適明亮，
以雞蛋花為主題的電腦室，旅客們都
說這是一間「Art room」。

Arthur 很滿意這間房間的創作，因為我
大學主修室內設計，所以畫壁畫時，更
懂得如何運用色彩搭配和圖案營造空
間效果。

Aloha Hostel
http://www.hostelaloha.com
電話 :+49 30 28883334
聯絡信箱 : hostelaloha@hotmail.com
地址： Torstr 60, 10119 Berlin, Germany

• 替他作畫前，Ruggero 說：「妳一定要把我寫到妳的書裡.」
我開玩笑說：「那你得買我的書才行囉.」

某次,他連續兩天穿同一條內褲,被我們大夥
笑他沒洗澡.他辯解自己有洗澡,只是沒換
內褲而已.(噗～這樣好像跟沒有洗是一樣的.)

Diary 內褲先生

旅館內總會有幾名長住客，短則數日，長則數個月，甚至半年，不禁讓人覺得這裡不是一間「Hostel」，而是一間「Apartment」。

來自義大利的 Ruggero 為了在柏林找尋工作機會而暫居旅館，他總是只穿著內褲和毛衣、靴子在旅館內遊蕩。起初我們除了基本招呼外，並沒有深談，在我開始創作壁畫後，卻意外吸引他關注我的創作。當我完成第一面牆時，他期盼著我再次創作新作品，每天總追著我問：When do you draw another wall?（妳什麼時候要畫另一面牆？）
被他一次又一次追問，讓我覺得被逼著創作，於是，我忍不住壓抑的情緒對他說：You are not my boss!!（你又不是我老闆！）

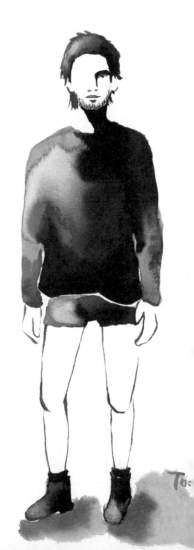

• 作畫時，他像個敬業的模特兒，在意Pose是否擺好。
 他說：「感覺好新奇，好特別喔，我是第一次被人畫人像耶。」
 「真的喔～我也是頭一次畫人穿著內褲呢～」我心裡竊笑著，邊說著。

他對此不僅沒生氣，還覺得有趣，要求我多拿些作品讓他欣賞。於是，我以打發小
朋友般的心態，把《狼繪玩澳洲》此書借他過目，卻換來他激動又興奮地看著每一頁，
即便他不懂中文，仍然欣賞著書中的許多照片與畫作，直說要買我的書。
日後，他對我更加熱切噓寒問暖，除此之外，還把我當偶像般崇拜，大肆向他人宣
傳著我的創作與書籍，以致旅館上上下下全都知道我是畫家，也是作家。

常常穿著內褲在旅館內遊蕩的他，總是受到其他旅客評頭論足，真正認識以後，會
發覺他有著義大利人的熱情奔放，卻沒有義大利人的多情風流。
我應他的要求為他作畫，當時我心想，一定要將他的怪癖描繪出來，於是我們雙方
協議之後，畫他只穿毛衣＋內褲＋靴子。

當他看到完成的作品，更為崇拜我，甚至將此事樂於分享給家人朋友，此後，他成
為我的忠實粉絲、熱誠的朋友。

德式麵疙瘩＋德式燉肉

・2人份麵疙瘩 材料：

雞蛋兩顆、　200g麵粉.　鹽適量.

・作法：

1. 麵粉和雞蛋攪拌均勻.
2. 攪拌出黏度後，加入適量的水，讓麵糊產生滑順黏稠感.

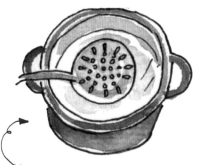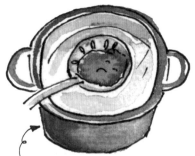

3. 將鍋內的水加入一茶匙鹽煮滾.　　4. 煮滾後，將漏勺放置水鍋上.

5. 將麵糊放在漏勺上，並用刮刀將麵糊抹勻，麵糊就會透過漏勺
小孔掉入滾水中.

66

6. 麵疙瘩浮起後, 立即撈起瀝乾, 放入冰塊冷卻.

7. 冷卻後, 再放入平底鍋中拌炒至麵疙瘩表皮呈現金黃色.

• 德式燉肉.
  先把牛肉豬肉炒到變白, 依序加入水、
  湯塊、蕃茄糊、紅椒粉, 再加鹽調味,
  燉 2 小時即可.

• 將炒好的麵疙瘩淋上燉肉, 美味極了!!

【真正的柏林熊】

熊是柏林城市的象徵，在柏林的市徽與各種建築物上都能看到熊的形象。從街頭巷尾到紀念品店，處處可見以熊造型為主題的彩繪雕塑與週邊商品，每年推陳出新，各式各樣的柏林熊，數量已達上百種。

在柏林，隨處可見由玻璃纖維塑膠製成的柏林熊，有站立的、倒立的、四腳朝天的；卻鮮少人知道，真正代表柏林的柏林熊，其實是生活在位於柏林市中心的熊舍裡，熊舍四周是住宅區、辦公大樓、博物館等。

• 真正柏林熊所在位置.
熊舍位於麥克搭博物館(Märkisches Museum)後邊，搭乘 U2,
在 Märkisches Museum 站或 Jannowitzbruecke 下車.

德國聖誕市集由木屋所搭建的攤位，
更顯得聖誕氣氛濃厚.

【聖誕市集】

「叮叮噹～叮叮噹～鈴聲多響亮～」

飄雪的季節，街頭佈滿聖誕裝飾，歐洲的聖誕節氣氛格外濃厚。
聖誕節對歐洲人而言，如同亞洲人的農曆新年，是與家人團聚的
重要節慶。面對家家戶戶齊聚一堂的溫馨，對於獨自來到異地的
我，更顯得形單影隻，倍感寂寞。還好，柏林是一個處處有驚喜
的大城市，欣賞街頭藝術塗鴉，在聖誕市集裡亂竄，讓我忘了獨
自過節的寂寞，開始享受一個人的旅行。

德國人注重傳統文化和歷史，傳統聖誕市集傳承至今已百年歷
史，在歐洲甚至被稱為最有聖誕味的國度。
為了迎接聖誕佳節，每年的十一月底開始，各城市設立為期一個
月的聖誕市集，市集內攤位林立，各式各樣的小吃熱飲、傳統的
德國手工藝、各種聖誕裝飾品，當然還少不了德國聖誕節最著名
的熱紅酒 Glühwein。

這段期間，我逛遍柏林的聖誕市集，見識德國的傳統手工藝，品
嚐市集小吃，還有琳琅滿目的聖誕裝飾，讓聖誕節更為璀璨靚
麗。

市集美食 . 小物

• 德國香腸.
德國平民小吃.

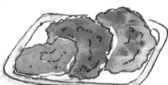

• 油炸馬鈴薯.
馬鈴薯配著蘋果泥沾醬.

• 薑餅
德國傳統小甜點.

• 木雕手工藝品.

• 聖誕旋轉音樂盒.

• 音樂盒.

• 具有聖誕風味的燈飾.
利用駝鳥蛋殼製成.

・薰香木偶.
　德國傳統薰香木偶,把香放入木偶肚子內,就會從嘴裡緩緩吐出
　煙來。德國人認為在聖誕節時點起薰香木偶,將能帶來好運.

《冬季限定》

・熱紅酒.
　德國的酒非常便宜,一瓶約2歐元,熱紅酒
　是冬天限定的酒,在聖誕市集更是人手一杯,以
　香料和水果調味而成,口味甘甜,小酌一杯即
　可暖和全身,也讓我來德國後瘋狂愛上熱
　紅酒.
　　愛上熱紅酒的我,和友人商討如何運走回台,,
　甚至研究回台後如何沖泡製作,也讓我頭
　一遭企圖要運酒回台,一個寒冬配上Glühwein,
　讓我理所當然成了酒鬼.

走成爾藉畫家Jon,當初為了想多看看世界,
離鄉背井來到德國定居20多年,不會英文,卻
說著一口流利的德文。
交換作品時,Jon始終保持靦腆內斂的笑
容,為人客氣,不多話。當我畫完他時,他相
當滿意地將我的作品收藏在資料夾內。
日後,即便我三番兩次請他畫我,他也欣然接
受。

• 第一幅畫,誇張卡通風格。

● 日後，我再一次前來他們的攤位時，他們已把我當自己人，邀我進去工作區聊天，這時，我發現Son素描筆觸的線條優美，碳色層次豐富，於是，我請他再幫我畫了第二幅，但他以粉彩筆創作。雖然不是我想要的炭筆畫，但這幅畫的表現方式，讓我驚豔。

最後，我再一次請他為我畫第三幅，也就是炭筆素描，才真的是我想要的。

【交換聖誕禮物】

不是所有畫畫的人都是藝術家，而是商人。

遇到他們之前，我曾向幾位街頭畫家攀談，有的一得知我也是畫家，明白我不會成為他的客人，熱絡的態度轉為冷漠；有的我只是好奇詢問幾句，也許因為我看起來就不像客人，只換來不耐煩的回覆，這讓我對德國的畫家感到失望。

某次，我在柏林的聖誕市集閒逛時，其中一攤畫著人像，分別是來自保加利亞的Valdys 和越南的 Son。
有前車之鑑，讓我杵在攤位前許久，正猶豫著是否該跟他們開口時，Son 詢問我是否有意購畫，這時我才鼓起勇氣告知他我也是畫家，並透過相機裡的螢幕，給他看看我的作品。接著，便詢問他是否有意交換作品。
由於他不會英文，我們在比手畫腳間得到共識，便相約隔週交換作品。

記得，交換作品的那天，天空飄著白雪，低迷的氣溫凍僵了我的四肢。作畫時，我冷得直發抖，他們提供電暖爐讓我暖身。創作過程中，因為不同的畫風、不同的國度，我們開始覺得有趣，即使在零下的溫度中作畫，交換作品卻讓我們情緒高昂，興奮不已，讓 Valdys 對我印象深刻，我們也留給彼此一個回憶。

交換作品對他們而言是初體驗，特別新鮮有趣。畫人像是他們的專職工作，多數人的面孔，輕鬆地在他們筆下展顏。我佩服著他們神速的技巧，同時也為他們日復一日繪製人像，感到惋惜。

當一位設計師的創意只懂得複製與抄襲，已不稱上創新；當一位畫家的創作變成例行公事，是否會失去新穎的創作能力？

謝謝他們與我交換聖誕禮物，同時也作為我提醒自我的借鏡。

• 交換作品後，他因為喜歡我的畫，熱情擁抱著我說：「I love you!!」

• Valdys 請我畫他的女兒，他畫我。Valdys 一生以畫人像維生，至今已畫過3萬多人，練出神速的繪畫能力，一分鐘內描繪好雙眼，完成一幅人像只需10分鐘。

• Valdys 筆下的我.

• 三位來自不同國度的畫家, 齊聚一堂, 因為交換作品, 讓我們情緒高昂.

•創作一系列柏林明信片.

【當我遇上猶太人】

雖然申請了郵輪工作，我卻遲遲未接到正式通知，我開始意識到該另尋其他謀生方式。

當氣溫暖和些，街上出現畫家擺攤作畫，個個穿著厚重外衣，包得密不透風，在零下的溫度為客人作畫，有的被冷得顫抖著雙手，為了溫暖身軀，不停原地跳躍活絡血氣；有的成為街頭畫家已有半輩子的經歷，不是興趣，而是為了養家活口，也許作品因此漸漸失去靈魂，畫作彰顯不出個人特色。

於是，我思索著自己與他們的差異，我長期學習藝術之外，還有設計師的背景，我能做的不是單純畫畫人像，但我又該做些什麼？

有許多思緒和想法在盤旋著，而我躊躇著。

某日早晨，在旅館內遇到一位猶太人 Yuvan，他相當欣賞我的畫作，建議我多畫些柏林的風景畫，並將風景畫印製成明信片，推向紀念品商家。

他的提議讓我萌起埋藏在內心已久的想法，他鼓勵我創作，積極替我找尋柏林的印刷廠，熱衷地想幫忙我找尋謀生之道。

正當我慶幸遇到一位願意指引我方向的導師，心懷感激時，他卻提出簽約合作算利益的要求；霎時，我明白他接近我一直是有目的，並非單純熱心友善。

猶太人的生意頭腦就像某種天賦，腦筋動得特別快，似乎任何事都能找到謀利之處。我猶豫著合作簽約之事，他不停遊說我，一副單純喜歡我的作品而熱衷此事，此時，旅館內其他旅客見狀，紛紛私下向我表示：「Belle，那個猶太人信不過，千萬別跟他合作！而且這些全是妳的作品，妳可以靠妳自己推出去，不需要透過他。」

最後我聽從多數人建議而拒絕他，換來他的憤怒難平，開始逼迫我與他合作，甚至出言不遜，我再次以堅定的立場拒絕：「你說你只是單純喜歡我的作品而想幫忙我，但現在卻為了我不要合作而翻臉，那你是真心想幫忙我嗎？」

他百口莫辯，為此事我們不歡而散，從此不再交談。

接著，我抱著破釜沈舟的心，投資數百歐元印製明信片，然後到商家毛遂自薦，在旅館內賣給旅客，沒想到意外受到歡迎，甚至有商家與我簽約合作，將作品賣進柏林紀念品店。

雖然是一個人旅遊，冥冥之中，卻會因某些事而結識某些人，因某些人而促成某些事；我也因遇到有人欣賞我的作品，而長期入住旅館；因遇到有生意頭腦的猶太人，讓我知道創作是我最大的才能。

原來，我很富有，因為創作潛在的能力，開闢未來道路。

•柏林明信片──布蘭登堡門．

•柏林明信片──柏林街景．

*柏林明信片 —— 柏林大教堂.

*柏林明信片 —— 德國國會大廈.

*明信片廣受網友喜愛,購買的信件
如雪片般飛來. 有的為了收藏,
還要求我在上面簽名蓋章.

Bella 莊蕙如

Angel

Artist:Bella 莊蕙如
lambella.01@gmail.com
www.facebook.com/lisa.bella.33

*當時我拿著柏林明信片推向商家時，
其中一家商家裝潢別緻，販賣商品
也有別於其他店家，這是一家天使專賣
店，只販賣天使的相關商品。
起初老闆拒絕販賣柏林明信片，表
示只販賣天使相關商品，我馬上拿出先
前畫的天使畫作，老闆喜愛至極，便
和我簽約合作，並下訂100張天使明
信片。

•天使明信片和柏林明信片,開始在柏林紀念
品商店販賣 .一張 2€.

【走出旅行的低潮與停滯】

過去我一直是透過工作結交各地朋友，沒有工作，無法拓展人脈，我開始學會自己相處。

簡單生活，每天只想著該去哪走走逛逛，該去哪邊拍照記錄生活，我發覺當生活越簡單，越容易滿足，我可以只因為那天蓋到免費的紀念章，而開心許久；我可以因為那天與陌生人有趣的奇遇，而覺得生活別具驚喜。

我必須承認，剛開始在德國的前幾個月，我並沒有很快樂，花了許多心力在適應與調節，加上小丟走失，讓我心力交瘁、萬念俱灰，我不記得有多少夜晚是含淚入睡，甚至人在德國，心卻時時刻刻懸掛在台灣。

直到某日，家人來訊通知小丟回家了！
她在離家出走一個月後回來，除了瘦成一身皮包骨，並沒有其他外傷與病痛，我也在得知此訊後，才能繼續安心旅行。

我的旅行並非一路順遂，無法工作，頓時讓我迷失了方向，遺忘最初來德國的目的。家人開始擔心我在完全無收入的情況下，該如何生活；有時和男友視訊時，抱怨著生活種種，不爭氣的淚水滑落臉龐，有時得到支持與鼓勵，有時換來一句「是妳自己選擇要出去的」。
的確，再次打工渡假，這是我當初選擇要過的生活。在台灣我可以過著如公主般的生活，更別說要料理一切生活起居，再次出走，再次背起行囊當背包客，因為我知道越是艱苦困難的生活，越是挑戰自我的極限，也在未知的生活中，越能創造些不同。
擦拭淚水，我鼓勵著自己要振作，不可以失去動力，日復一日的平凡生活並非我想要的，我該做出不同的嘗試與挑戰。

申請郵輪工作，是想做一種全新的體驗，也是為了避開寒冬，卻沒料想到這份工作經由台灣代理商，再上呈至亞洲區公司，最後輾轉才至義大利總公司，總公司經過很長的時間評估，提案四個月後，我才接獲 MSC 郵輪的正式上船通知。
當我收到正式通知時，有如久旱逢甘霖，萬分喜悅湧上心頭，此刻，體會到一切的等待與付出是值得的。

‧離開柏林前，想學艾蜜莉男想巴界拍黑白連照留念，
將寫好的『I love Berlin』拿著拍照，心想這樣很有紀
念價值。
結果，殊不知連拍閃這麼快，讓我措手不及，居然拿著『I』
連拍兩次還不打緊，『Berlin』還被切掉，看到照片我好囧～
這張黑白連拍照，卻成了囧回憶。

‧德國的冬天長達半年以上，雪從十月下到隔年四月，街道總
是積著厚厚的雪，也讓我忍不住畫了一台車。

成為海上畫家

登上 MSC 頂級郵輪，成為海上畫家－從陸上畫到海上

成為海上畫家

四月的德國，零下低溫，空中白雪飄逸，白茫茫的雪依然覆蓋一切，不禁慶幸自己即將脫離德國的寒冬，擁抱溫暖的地中海。

登船前四天，收到正式船票，我立馬買齊圖紙與畫具，從德國柏林搭夜車前往義大利熱那亞，拖著四十幾公斤的行李，轉乘三次，每一次轉乘約 6~17 分鐘不等，一次又一次，和其他旅客拖著笨重行李狂奔至另一班列車，就像某種競賽開跑，一刻也不能鬆懈，深憂會錯過任何一班列車。經歷 17 個小時的舟車勞頓，拖著疲憊的身軀來到熱那亞，看見久違的太陽，暖活的氣候，讓我順勢丟去禦寒的舊外套，如同拋開煎熬的日子，邁向全新的生活。

依據著船票核對身份，核發船卡，Check in 過海關後，順利登船。
這是我第一次搭乘郵輪，內心澎湃不已，船內的豪華裝潢讓人目不暇給，踏入船內的那一刻，許多電影畫面彷彿歷歷在目，忘了疲憊，整個人便精神抖擻，難掩興奮的心情，不停地按下快門，希望能將這一切牢記。
船身的的中心是金碧輝煌的水晶樓梯，每晚都有藝術家的鋼琴演奏，讓我不禁聯想

到海上鋼琴師與另一位鋼琴家較勁的情節。

當船身開始緩緩地移動，離開港口，邁向汪洋的大海，就像移動式六星級飯店。不再扛著行李奔波，不再舟車勞頓，此刻，我覺得既新奇又好玩，今日在義大利，隔天在法國，接著西班牙、突尼斯……這樣環遊世界，簡直太輕鬆了！

•MSC－全名為『Mediterranean Shipping Company 地中海船運公司』，創立於1970年，為歐洲最大的郵輪公司，船上設計與船上服務和軟硬體都相當完善。

我所搭的船是13萬7900噸的「Splendida輝煌號」，2009年於巴塞隆納下水，全長333公尺，共18樓層，載客數3274，船房數1637，整個就是龐然巨物！

•登船後，將核對個人身份並拍照，發船卡。上下船都需要通過海關並刷船卡核對身份，船上消費除了賭場以外，其他地方皆使用船卡消費，可說是『一卡萬事通』。

•通往新生活的車票。

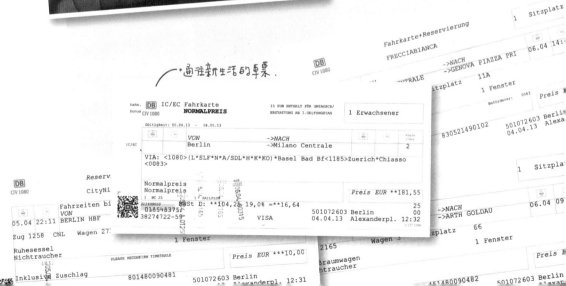

· 主題餐廳，位於6樓。

· 各式娛樂設施（需購）。

· Lounge Bar.

露天游泳池和 Spa 池。

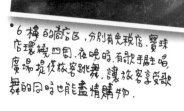

· 6樓的商店區，分別有免稅店、買珠
店環繞四周，夜晚時，有歌手駐唱，
廣場提供旅客跳舞，讓旅客享受歌
舞的同時也能盡情購物。

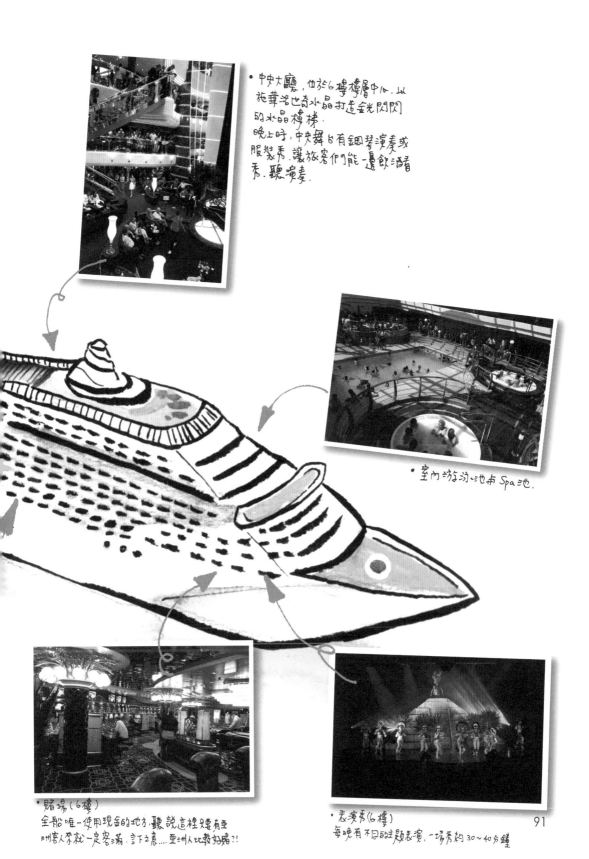

• 中央大廳，位於6樓樓層中心，以
  施華洛世奇水晶打造金光閃閃
  的水晶樓梯。
  晚上時，中央舞台有鋼琴演奏或
  服裝秀，讓旅客們能一邊飲酒看
  秀、聽演奏。

• 室內游泳池和 Spa 池。

• 賭場 (6樓)
  全船唯一使用現金的地方，聽說這裡還有亞
  洲客人來就一定客滿，言下之意……亞洲人比較好賭?!

• 表演秀 (6樓)
  每晚有不同的主題表演，一場秀約 30~40分鐘

91

【船上餐點】

船上的餐廳只有一間餐廳需自費,其他皆為免費餐廳,分別為主餐廳與自助式餐廳,提供早餐、午餐、下午茶、晚餐、宵夜,可依個人喜好選擇用餐餐廳,通常我比較喜歡被服務的感覺,所以很少去自助式餐廳。

主題餐廳:有專屬的服務生服務,提供早餐、午餐、晚餐。
自助式餐廳:自助式點餐,想吃多少拿多少,提供早餐、午餐、下午茶、晚餐、宵夜。

· 自助式餐廳的早餐.
  早餐時,我時常到自助式餐廳用餐.除了可選擇自己喜愛的餐點,縮短用餐時間,還可自製三明治打包水果帶下船,以便岸上觀光時.饑餓果腹。
  某次,我曾目睹老外打包數十個三明治和水果,背包塞滿食物.感覺就像要去逃難般,此事讓我錯愕不已,一直以來,以為老外不會打包或貪小便宜,看來事實並非如此。

・主題餐廳的早餐.
　我最喜歡點歐姆蛋, 內包餡料還可自選,
　也可選擇客房服務, 前一晚將早餐訂好, 隔日早晨將會於指定時間送
　至房內, 不需額外付費.

三餐養豬肥

餐廳每日提供不同菜色餐點，菜單上可選擇喜愛的餐點，分門別類上菜，前菜、湯品、飯或麵、主菜、甜點，無一不缺，完整呈現西餐的特色，它沒有中華料理的大火快炒，而是一道道細細品嚐。有時候服務生會刻意將上菜速度放慢些，讓旅客能和同桌的友人好好共享用餐時光，同時也讓肚子多些時間消化，騰出空間再吃下一道菜。

一般正餐用餐時間約兩小時，對於晚餐後還必須畫圖的我，更需要縮短用餐時間，於是，我都會特地叮嚀服務生盡快上菜，因為我必須在一小時內用餐完畢。
為了把握當前美食，即便縮短用餐時間，我也盡可能吞嚥完畢，也因此，每日澎湃的三餐，脂肪也漸漸囤積在我身上。

• 前菜.
炸蔬菜沾醬、蕃茄起司沙拉、生牛肉沙拉. 甜柚沙拉....

• 湯品.
義大利湯餃、蔬菜濃湯、豆子濃湯. 蕃茄濃湯.

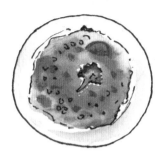

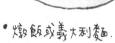
● 燉飯或義大利麵.

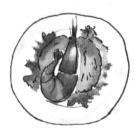

● 主菜.
　香煎牛排.焗烤明蝦、白醬鮭魚、燉豬肉.

● 甜點.
　蛋糕、冰淇淋.義大利甜卷、慕斯蛋糕.

【我的露台房】

•我的露台房,每天早晚都有清潔員打掃整理.

推開門的霎那間,面對著舒適的露台房,不禁想起自己曾經背著 17 公斤的登山背包旅行,抱持著忐忑的心情入住背包客旅館,和各國背包客共處一室,那是我第一次自助旅行;也曾當沙發客,握著防狼噴霧劑睡在陌生人的沙發上,那是一種全新的旅行體驗;也曾睡臥舖火車,與陌生人共處一個車廂,經歷十幾個小時的舟車勞頓,那是旅行的一部份。

長期下來,我像許多旅者一樣,對事物的接受度越來越廣,韌性也越來越大,我可以處於安逸生活,自居怡樂,也可以隨著沙發衝浪四處漂泊;我可以享受美食大餐,也可以縮衣節食;我可以睡在頂級套房,也可以擠在狹窄臥鋪。

不變的是一直靠才藝旅行,畫作換取旅費,畫畫交換食宿,以往看似不可能接受的事情,經過嘗試體驗,挑戰自我,不斷地接受新事物,它讓我拋開舊有的認知,以開闊的心胸和全然的態度擁抱世界。

對事物的接受度廣了,很多事情自然顯得有趣,看法也有所不同,從中摸索屬於自己的道路,我也在此找到屬於自己的一片天。
漸漸發現當人生有明確的目標後,即便再惡劣的環境,也會咬緊牙撐過,真的努力過的人會懂,成功不是靠幸運,而是比任何人多了一份堅持。
這份工作等了四個多月,現今擁有這一切的美好,同時也體會到苦盡甘來。

• 房內的陽台彷彿移動式觀景台，
每當船正在行駛時，我常常在
陽台眺望港口風光，有時和岸上
的人們揮手說再見，有時享受著
海風的吹拂，有時聆聽著海
浪聲，那一刻，心情無比舒坦。

• 可依需求使用單人或雙人；內有衣櫃、
附設花灑乾濕分離浴室、電視、電
話，也可自備電腦連接衛星網路(須
費)、迷你酒吧和保險箱。

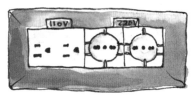

• 船上提供兩種電壓，分別為110V和220V。

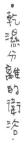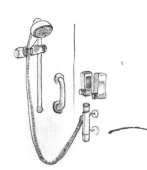

乾濕分離的衛浴。

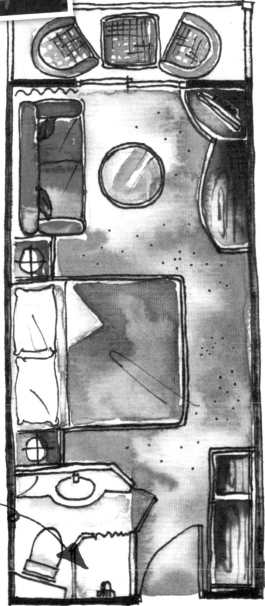

・工作時須掛上的工作名牌，上面註明姓名、職稱、國籍，名牌上「Artist」的稱呼，讓我備受尊重。「Taiwan」代表家鄉，以此為榮。

【海上畫家工作大揭秘】

我以畫家的身份在船上工作，為旅客作畫，也為 MSC 書寫旅遊文章，但我並非正式簽約員工，因此在船上擁有特殊身份：晝日時，我是旅客，一靠岸便觀光旅遊；晚上時，掛上工作名牌，立即成為船員之一，也因此，我介於於兩者之間，他們稱我為「Special Guest」。

這份工作看似愜意，有吃有住，又有得玩；實際上，忙碌不已，晝日旅遊時，已耗盡許多體力，回到船上，整理照片寫文章，每晚我都以最快速度用餐，緊接著，扛著畫具到攤位上工作，有時畫完收工，已經午夜凌晨。
隔日一靠岸，又是新的一天開始，一個全新國度、全新景點，我怎捨得錯過，再累，也要探索未知的世界。

於是，我在船上的每一天，過著充實的生活，未曾睡飽過，也捨不得睡。

每晚房內都會收到一份節目表單，上面註明隔日抵達國家、城市、氣象、靠岸、離港時間，船上節目活動等等...而我的工作時間及地點也標示於節目表單內，必須按時工作。

DAILY program MSC

18~24°C
8:00 am
noon
5:30 pm
6:00 pm

◉ TODAY IN ALL OUR BARS

Non-alcoholic Cocktail:
MAGIC ISLAND € 3.70*

Alcoholic Cocktail:
MAI TAI € 5.70*

*"A 15% bar service charge will be automatically added to all the purchases"

ENTERTAINMENT

▶ Our traveling artist Belle from Taiwan can make a beautiful portrait of you in watercolor or in a sketch drawing. Take some more memories home with you! Visit her at 20:30-22:30, deck 6 (between Casino delle Palme and Piazza San Giorgio).

20:30-22:30, deck 6

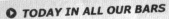

◉ F1 SIMULATOR

Hear the roar of the engine. Feel the speed.
Just €

THER

▶ I AI

◉ 40% OF DI

Get 40% o
treatments
Come up to
A few exam
• 30 minut
• 45 minut
• 45 minu
• Himalay
€66 inst
• 90 minu
• 60 minu
€71.40
• Q-Freq
• 60 min
Area **€85.20** instead of €142

HAIRDRESSER

Tonight is Gala Night! Make an
now to look your best!
Buy 2 products and get a **FREE** Sh

◉ SPA DOCTOR: Q-FREQUENCY

Try it and feel the benefits!

FROM THE EXCURSION OFFICE

Cradled between land and sea on the west coast of Italy, Genoa displays its past through her many palaces and the surrounding ancient terraced hills. Do not miss the chance to discover its beauty with us!!!!!!
Bookings close at 20:00
Concergerie - deck 15
Excursion Office - deck 6

IMPORTANT TO KNOW

SMOKING AREAS
Smoking is permitted on the port (left) side of the open decks (7,14,15,Top 18 Solarium), the Cigar Lounge and the whole of the Casino (Deck 6). In La Prua Piano Bar on the left side (Deck 7). In the back of the Aft Lounge (Deck 7). In the Disco, at the back Deck (Deck 16). Please use the ashtrays provided and never throw lit cigarettes overboard. Smoking is not permitted on cabin balconies and is strongly discouraged in all cabins. Please respect the no-smoking areas and do not smoke in the corridors.

POOL CAUTION
Please read the health notices at the Pool and Spa Pool area and always shower before entering a swimming pool. Please do

ENTERTAINMENT HIGHLIGHTS

◉ MEGA BINGO!

Super Jackpot € 25.000
Within the first 40 numbers called

Cards will be on sale 60 minutes before the beginning of the game in the lounge where the bingo will be played.

21:00, The Strand Theatre, deck 6

◉ PIECES OF ART

Take home with you an immortal piece of your cruise...
Belle, the Taiwanese Artist, will create a unique cultural experience for you using her talent and interpretation of your soul!

20:30 -23:00, La Piazzetta (La Boutique Side) - deck 6

GREAT EVENING WITH THE ENTERTAINMENT TEAM:

◉ CIRCUS MSC SPLENDIDA

with the Entertainment Team

MSC

ITA

Ciao!

Io sono Belle,

un'artista itinerante di Taiwan, con esperienza nel campo dell'Arte e del Disedno

Industriale.

Io insegno l'arte del bozzetto, dell' acquerello, della pittura ad olio e delle pitture

cinesi.

Eseguo il tuo ritratti in soli 15 minuti con la tecnica del bozzetto o con gli acquerelli.

Se hai poco tempo ti posso tranquillamente scattare una foto.

L'arte è vita! Il mio disegno riflette le sensazioni e le emozioni che mi riesci a

trasmettere.

Mi puoi trovare ogni sera presso La Piazzetta, ponte 6.

Vienimi a trovare!

GER

Hallo!

Mein Name ist Belle. Ich bin eine reisende Künstlerin aus Taiwan, mit grosser

Erfahrung in Kunst- und Industriedesign!

Ich lehre Technik der Skizzenzeichnung, der Aquarellmalerei, der Ölmalerei und

chinesische Zeichentechniken.

In 15 Minuten skizziere ich Dein Portrait oder male es mit Aquarellfarben.

Falls Du wenig Zeit hast, werde ich Dich fotografieren.

Kunst ist Leben!

Die Zeichnungen reflektieren meine Wahrnehmung von Dir.

Abends kannst Du mich in LA PIAZZETTA auf Deck 6 finden.

Ich erwarte Dich!

酒店總監將我的自我介紹翻譯成五種語言。
夾在節目表單內，發送至每一間房內。

 MSC

ENG

Hi

I am Belle.

A traveling Taiwanese artist. I am expert in arts and industry design.

I teach draft techniques, water color, oil painting and Asian painting.

I paint portraits using different techniques in fifteen minutes.

If you don't want to wait, I can create the painting from a photo of you.

Art painting reflect the sensations that you transmit to me.

You can find me every night at La Piazzetta, deck 6.

FR

Salut,

Je suis Belle.

Une artiste de Taiwan qui voyage, je suis experte dans les arts et techniques de

design industriel.

J'enseigne les techniques du crayon, de l'aquarelle, de la peinture à l'huile et de la

peinture asiatique.

Je fais votre portrait avec diverses techiques en quinze minutes.

Si vous ne souhaitez pas attendre, je peux faire une photo.

L'art est vraiment la signification de la vie.

Ma peinture reflète les sensations que vous me transmeettez.

Vous pouvez me trouvez chaque nuit a La Piazzetta, pont 6.

ESP

Hola,

Soy Belle,

una artista itinerante de Taiwán, expert en Artes y Diseño Industrial.

Enseño las técnicas del esbozo, de la acuarela, de la pintura al óleo y de la

pintura asiática.

Hago su retrato, utilizando varias técnicas, en quince minutos.

Si no quieren esperar, les sacaré una foto.

El arte es el verdadero significado de la vida.

Mi pintura reflejará las sensaciones que ustedes me han transmitido.

Pueden encontrarme cada noche en La Piazzetta, Puente 6.

¡Vengan a verme!

・記帳表.

客人以船卡付費,用記帳表登記船卡
卡號.消費金額每日期.

Belle

魯迅流出版公司

Belle 壯 S.jo. Barcelona
29. Apr. 13

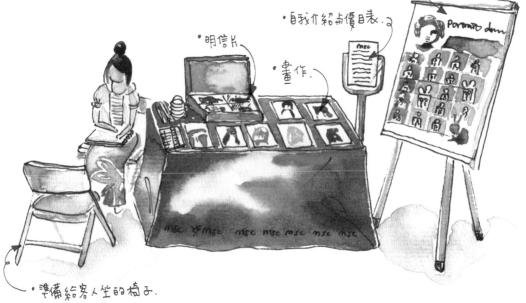

•海報看板

•自我介紹和價目表。

•明信片

•畫作.

•準備給客人坐的椅子.

•攤位位於6樓商場和賭場的交接處.
每晚工作時,船員們會為我準備好桌椅和看板.

101

海上│繪圖日記

• 由於 Andu 需要工作，我不能現場畫他，需
先拍照再畫；隔日完成畫作時，碰巧他
剛剪了新髮型，以致於和畫中的他髮型
不符。
「你幹嘛挑在這時候剪頭髮啦！」我一
邊幫他拍照時說著。
他滿意地拿著畫作，說：「不好意思，我忘記
要讓妳拍照了。」

Diary　躲避鏡頭的日子

我是 MSC 郵輪的第一位「海上畫家」。

剛開始擺攤時，船員們總是好奇地來我攤位一探，起初，來攤位上的船員比客人還
多；我的攤位位於攝影師的攤位旁，來自羅馬尼亞的攝影師 Andu 看了看我的畫作，
便說：「妳可以畫我嗎？我可以幫妳拍照，我們交換作品，妳願意嗎？」
我心想……反正正巧閒著，畫畫他，也無妨。
我為他下筆作畫，來回間，我為他完成了素描，他為我拍攝幾組照片，一切看似完
美的交易，卻在某日，我正在餐廳用餐時，餐廳的經理對我說：「原來妳是一位畫家，
可否也請妳幫我畫圖呢？」
我驚訝地表示：「你怎麼知道？！」（我一直是以旅客的身份至餐廳用餐。）
「全部人都知道妳是畫家～我們看到妳幫攝影師畫圖，畫得很棒，妳可以也幫我畫
嗎？」他面帶笑容再次詢問。
噗～當下所有美味的餐點我也吞嚥不下，因為每一位船員，笑嘻嘻地看著我，好像
每一個都想要討一幅人像畫。

我是畫家的消息傳得比退潮的海浪還快，其他攝影師得知 Andu 拍照換到畫像後，
一個個示意要幫我拍照，我心想不妙，趕緊對 Andu 說：「我被你害死了，你把我
的畫給大家看？」

「沒有呀，畫在我房間裡，我沒有給大家看。」他無辜地說著。

「那為什麼現在所有人都知道我是畫家？其他船員也都來跟我要畫，還有其他攝影師也要幫我拍照交換！」

「我不知道，我真的沒有給其他人看呀，只有我室友看得到。」他更是無辜地說著。

我繼續問著：「船上共有幾個攝影師？」

「將近 20 個。」

天啊！我絕對不能再做任何交換，不然拍照的風波將會接踵而來。

接下來的日子，攝影師們只要看到我，便一副要捕捉我的身影模樣，而我則是不斷閃避鏡頭，逃離每一位攝影師。

此後，Andu 為表示歉意，每當其他船員意圖向我凹畫，他立刻挺身而出，要求大家付費。

Andu 為我拍攝的一系列照片.

• 擺好 pose 準備照相的女孩.

• 船上有許多攝影棚與攝影師，為旅客拍攝紀念照.
可待看到照片後，再決定是否購買.

Javi 身為船上的 Captain director，精通 6國語言，主要工作負責節日秀主持，各國語言廣播。

每晚工作結束後，他總是來我攤位和我噓寒問暖，異性緣很好的他，因此引來其他女船員吃醋。

Diary　Can I sleep in your cabin?

無論擁有再多財富，也無法滿足精神與心靈，即使能航海周遊列國，卻有著不為人知的辛酸。

某日，和西班牙籍的船員 Javi 閒聊之餘，得知船員們生活於 4 樓以下，對於入住 13 樓的我，讓他好奇得想一探究竟，他問我：「妳的房間有陽台？可以借我看一下妳的房間嗎？」

「你沒看過露台房？」我驚訝地說著，一個資深的船員，竟會沒看過露台房！

「沒有，我只看過影片和照片，可以讓我看妳房間嗎？」他再次詢問著。

當下，我心想……太好了！因為我正想看船員的房間，於是，我們達成了互看對方房間的協議。

那日，他依照約定，在完工後來到我房間，他一進房後，立刻走向他夢寐以求的陽台，望著海，感受徐徐的海風和海浪聲，不斷發出讚嘆與羨慕的口吻，接著他又說：「我可以跟妳交換房間嗎？只睡一晚就好……」

「我可不想和你交換，但陽台可以借你睡，而且我會把你鎖在陽台上，隔日一早，

讓你被太陽曬醒，哈哈～」我大笑著說。

談笑之餘，他要求我為他畫素描，我一邊畫，一邊聊著，當他述說著自己對這份工作的熱愛，卻同時也感嘆著心靈始終無法寄託，長跑的戀情卻無疾而終。

「這不是誰的錯，只是時間與環境改變了，誰也無法控制。」他感慨地說著。

此時，我停下了畫筆，長期旅行的我，耳聞見識許多情侶的分離，似乎完完全全能明白，那份無奈的心情。

在光鮮亮麗的舞台上，他呈現最好的給旅客，幽默逗趣的他，廣受大眾喜愛，褪下舞台上的風采，那份無奈的心情卻不斷湧上心頭。

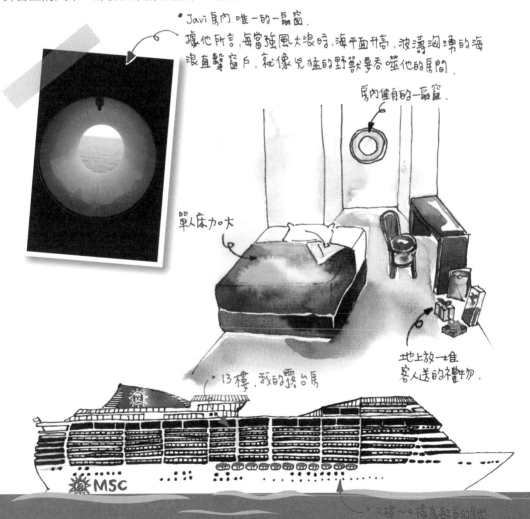

Javi房內唯一的一扇窗.
據他所言,每當強風大浪時,海平面升高,波濤洶湧的海浪直擊窗戶,就像兇猛的野獸大要吞噬他的房間.

房內僅有的一扇窗.

單人床加大

地上放一堆客人送的禮物.

13樓,我的露台房

MSC

2樓～4樓為船員的房間

那晚，Karen 成為我在船上的第一位客人，因為她想為這趟旅程留下紀念，同時也祝我開張大吉。

Diary 人情味

記得，登船的第一天，我覺得自己彷彿從柏林的貧民窟來到王宮生活，在船上包吃包住，又有得玩，還可以畫畫賺旅費，卻萬萬沒想到，船上的酒水需自費。

第一頓晚餐時，一位在英國打工渡假的台灣人 Karen 和我同桌用餐，她熱心地問我：「妳要喝飲料嗎？我請客。」
我還在猶疑的時候，她又接著說：「妳的船票應該沒有包飲料吧？！船上的酒水都要自費的喔；我買的船票包含酒水無限暢飲，我可以幫妳點飲料。」

那餐，她為我點了礦泉水和白酒，接下來的每一餐，她替我點盡任何飲品，紅酒、白酒、香檳、咖啡、果汁、汽水等等，除此之外，她得知我在船上工作，而她僅旅

遊一週就下船，她擔心我日後缺水喝，每天替我準備幾瓶礦泉水，數日下來，我房間的衣櫃裡，已放滿瓶瓶罐罐的礦泉水和氣泡水。

她在船上的那一週，白天我們一起下船旅遊，晚上一起用餐，也許因為我們同樣以打工渡假的身份來到歐洲，同樣獨自旅遊，更懂得在異地謀生的辛勞，理解思鄉之愁，長期旅遊，也讓我們也著相同的價值觀。

接受外來文化的洗禮，面對文化的衝突，在未知的領域跌跌撞撞，很多辛勞留在心裡，面對家人朋友只報喜不報憂，獨自忍耐，堅強面對所有事，在這之中，尋找人生方向，摸索屬於自己的天地，透過他國文化，檢視自我，從中得到啟發。

我想只有親身經歷的人能體會，打工渡假不是只有做苦工賣勞力。

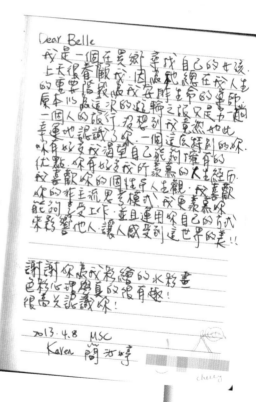

• Karen在我的Guest Book上的留言．

我常常在想，旅行中所接觸形形色色的人們．
結識新朋友，即便是短暫的停留和交集，
無形之中幫助他人，也受惠於他人，這一
切就像無止盡的循環。

【誤打誤撞，升等成 VIP】

某日早晨，我的房門被敲得砰砰作響，那是 Karen 要下船的那天。
我以為是她來向我道別，開門後，卻只見一名服務生對我說：「不好意思，妳要換房間了。」
「什麼？！！當初不是已經談妥，我入住期間不需要換房嗎？」我既驚訝又不悅地說著。（換房間好麻煩，我行李超多的，而且還有整個衣櫃的水！）
「我這邊接收到的訊息，妳必須要換房，請妳將行李準備好，我們會替妳搬運行李。」

由於訂房系統的疏失，我的房間賣給其他客人，即使他們再三地向我致歉，卻仍改變不了換房的命運。
我火速將所有行李亂塞至行李箱和袋內，同時，還要帶走整個衣櫃的礦泉水，因為我不想渴死在船上，更不想枉費 Karen 的心意。於是，在服務生的帶領下，我帶著不悅的心情、七零八落的行李和堆積如山的礦泉水，離開了房間，換了一張新的船卡。

此刻，我才知道我被換到 MSC YACHT CLUB ！

那是船上的貴賓室，擁有許多頂級的設備與私人享受，貴賓專屬的電梯、餐廳、露天游泳池、健身房、飲料吧，任何飲料還可無限暢飲。
天啊～我簡直不敢相信，陰錯陽差讓我被換到貴賓室，接下來映入眼簾的一切，讓我如中樂透般狂喜。

• 貴賓室的露台房。

可依需求選擇單人或雙人床，內有衣櫃、
附設浴缸浴室、電視、電話、也可自備電
腦連接衛星網路(須自費)、迷你酒吧
和保險箱、任天堂 Wii 遊戲機。
內部裝潢更有質感之外，空間比一般露
台房大一些，還可依個人喜好選擇枕頭
款式。

• 從我的房間欣賞海景。
在德國的寒冬待了半年，終於見到久違的
太陽，享受陽光和海景。不知不覺，這些日
以來，我的膚色也漸漸黝黑。

• 一般旅客的船卡，也是我原本的船卡。

貴賓專用 MSC YACHT CLUB 的船卡。

由此插入船卡感應

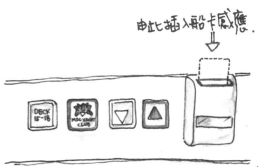

• 貴賓專屬的電梯，只要刷上船卡，便可獨享一台電梯。

• YACHT CLUB 入住的迎賓禮.

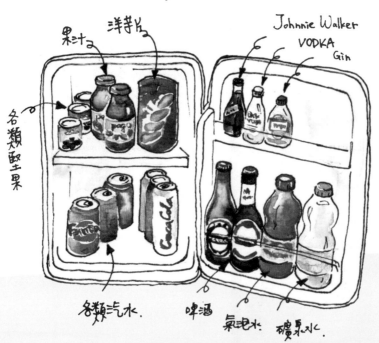

果汁　洋芋片　Johnnie Walker VODKA Gin

各類堅果

各類汽水.　啤酒　氣泡水.　礦泉水.

• YACHT CLUB 提供酒水無限暢飲,房內的迷你酒吧也包含在內,且每
日補貨兩次,當我發現每日補貨兩次後,一個人享用不完,於是,每天
我都帶走所有零食和飲料.分享給其他船員和所遇到的台灣同
胞,偶爾邀他們一起享受貴賓專屬的設施,他們都好開心,我
也好快樂.
正所謂『獨樂樂,不如眾樂樂』.

【MSC Yacht Club】

從小到大，我一直覺得有某種幸運光環圍繞著我。

兒時，轉扭蛋時，只要我心裡想要哪一個，往往心想事成；學生時代，老師提供製圖桌作為抽獎禮物，恰巧還沒買製圖桌的我，幸運得獎；工作後，年終尾牙摸彩，總是有我的份。

不久前，在船上遇到一名中國籍資深領隊，他和我一邊閒聊，一邊介紹著船上設施，當我們閒晃到甲板上時，他指著船身最高的樓層，對我說：「妳有沒有去過最上面？那是貴賓專屬的空間。」

當時，我心想……貴賓專屬，聽起來具有獨享意味，那邊又會是怎樣子呢？有多豪華？有多氣派？和一般旅客間有多少差別待遇？什麼樣的人會入住貴賓室？

滿腦的思緒，充滿了對貴賓室的想像，期盼有朝一日，我也能入住貴賓室，享受貴賓級的禮遇。

再次心想事成，從一般露台房換到貴賓室露台房，並非只是設施不同的差異，而是擁有許多特別禮遇，就好比庶民百姓升格為皇室貴族。

MSC Yacht Club 是船上最具有私密性的獨享空間

◎ 專屬貴賓區，提供私人泳池、吧台、餐廳
◎ 專屬 24 小時管家服務，為旅客安排船上的生活起居 (所有管家皆由國際管家專科學校嚴格訓練而來)
◎ 可要求管家幫忙整理行李
◎ 提供優先登船 / 下船
◎ 每天提供個人喜愛的國際報紙
◎ 提供劇院前排的座位 (請管家幫忙安排，座位數有限)
◎ 每天由管家提供英式下午茶
◎ 每天提供免費洗衣 / 燙衣服務 (需事先請管家安排)

• Ivan 來自烏克蘭, 他是貴賓室最年輕的服務生. 時常被前輩們使喚, 他總是跟在 Alex 身後, 就像一個小跟班. 為客人的餐點增加調味布香料.

由於貴賓室人數並不多, 所以服務生都記得客人的飲食喜好. Alex 來自克羅埃西亞, 精通五種語言, 主要負責貴賓室的餐廳服務. 每當我看著菜單, 不知道該點些什麼時, 只要對他露出傻傻的微笑, 他便懂我的意思, 立刻為我介紹每一道菜的特色.

• 貴賓專屬的海景餐廳. 晚餐時, 還有小提琴演奏.

• 貴賓專屬的私人游泳池.

• 貴賓專屬的露天吧台.
任何餐點.酒水都可無限暢飲,還可邀
朋友共享.

• 海景健身房.
位於船頭,可一邊健身,一邊欣賞遼闊海景.

• 自助式海景餐廳.
供應早餐.午餐.下午茶.晚餐.宵夜.酒
水也是無限暢飲.

Diary　來自澳洲的一家人

每一個國家的風俗民情不同，人們處事的態度也截然不同。

東方國家與西方國家有著顯著差異，西方眾多國家，也各具特色。澳洲沒有歐洲濃厚的藝術氣息，卻有著友善親切的人們。

這是我結束澳洲打工度假一年後，來到歐洲才有深刻的體會。

來往的人群中，他的腳步停留在我的攤位前，翻閱起攤位上的書《狠繪玩澳洲》，欣賞我的創作，詢問價錢；談吐間，感受到他的隨和友善。當他再次前來則是攜家帶眷，是一家歡樂和諧的家庭，孩子們個個笑容可掬，表示一定會找我為他們創作一幅全家福畫像，我們交談的那天，也是來自澳洲的他們第一天登船。

日後每晚，他們全家人總會在我攤位前，欣賞我為其他旅客作畫，直誇：「Good Job!」卻始終未提及畫全家福之事。

直到他們再次談論購畫時，已是他們下船的前一晚，我抄寫他們的房卡登記賬目時，我愣住了，他們的房間就在我的隔壁間，也就是說他們也是住在貴賓室，

他們是 MSC Yacht Club 的會員！

我之所以愕然，因為在貴賓室期間，受到尊榮級禮遇，與金字塔頂端的人士交流，

雖然他們總是和顏悅色，卻有種令人不易親近的氛圍，而 Harrison 一家人有著澳洲人的大剌剌，也有著親切友善，絲毫沒有距離感。

也許是環境造就人們處事的態度。
貴賓室住什麼樣的人？我想那對我而言都不重要了，我只記得來自澳洲的他們，帶走我的畫作為一輩子的回憶，而他們也為我在船上的生活添加回憶。

●他們拿羅馬競技場拍攝的照片請我畫全家福，並在背景畫上羅馬競技場。

●要完成畫作的那天，我在餐廳遇到他們一家人，留意到小女孩總是將小狗玩偶抱在懷中，於是我憑著印象將小狗畫上去，小女孩看到畫時，不停的向我道謝，開心極了。

●Harrison 一家人走在羅馬街道上，處處可見美麗的羅馬風景畫，卻看不出任何特色，請我畫下全家福配上羅馬競技場為背景，屬於他們這趟旅行的獨特回憶。

115

Diary　一證在手，通行無阻

好奇心人人有之，即使我一直在旅行，不曾稍減探索世界的心，就像我已享有貴賓室，卻仍想一窺船艙。

其他船員曾告知我：「只要掛上了工作名牌，就可以去船員專屬的空間，那裡有餐廳、商店、酒吧、健身房、游泳池，應有盡有。」
我並非想享用船員專屬的設施，而是對陌生的事物，充滿新鮮感與好奇心。

某日，我掛上了工作名牌，決定潛入船艙冒險，推開厚重的安全門，面對的不再是富麗舒適的裝潢，而是冰冷的鋼鐵結構，上上下下攀爬無數個階梯，推開一扇又一扇的門，我越往下走越接近船底，四樓以下的樓層看似大同小異，盡是厚重的鋼鐵牆面，看不見一扇窗，沒有任何一道自然光線，封閉式的空間，令人感到窒息，喘不過氣，腳步聲與呼吸聲迴盪在這之中，踏出的步伐也顯得沈重。

我去了船員們專屬的健身房、商店、餐廳，其中一面牆，排列著船員們的照片，並標示著船長、大副、副船長、酒店總監、郵輪執行長等職稱，看似封神榜排行，途中其他船員和船上保全留意到我，他們驚訝的神情，似乎傳達著「妳怎能到此處」，但當他們注意到我的名牌後，才說：「我還以為妳是旅客。」

我不發一語，只露出微笑示意便離開他們的視線，繼續在船艙裡亂竄，在堅硬的鋼鐵階梯跑上跑下，有時候走向一條死胡同，有時候越走越低處，感覺我就在深海裡，忽然感到沈重，有股壓力。於是，我轉身往上爬，看見一個指標，寫著「Crews Pool」，我順著指標的方向，使盡了全力，扳開門把，推開厚重的門，還特意將門桿擋住，因為我可不希望被鎖死在門外。門後看見燦爛的陽光灑在圓形游泳池上，這裡是船頭，也是船的露天游泳池；我一步步往前，意圖走向船的最前端，看著海浪拍擊著船身，驅使著船向前邁進，海風海浪吹撫著我，好想展開雙臂擺出「I'm the Queen of the World.」的姿勢。當我邁向最前端，霎時意識到這裡沒有任何安全措施，只有簡易的欄杆，如果一陣強風大浪，我隨時可能掉入海中，沒有任何人知道我跑到來這，我隨時可能成為船上的失蹤人口，無止盡的想像，讓我打消念頭。

神態自若地回到一般樓層，思緒卻迴盪在船員專屬的環境，不禁自問若我不是
Special Guest，而是以正式合約在郵輪上工作，住在不見天日的房內，長期在海上
漂泊，偶爾才能與外界聯繫，那又將會是什麼樣情況？

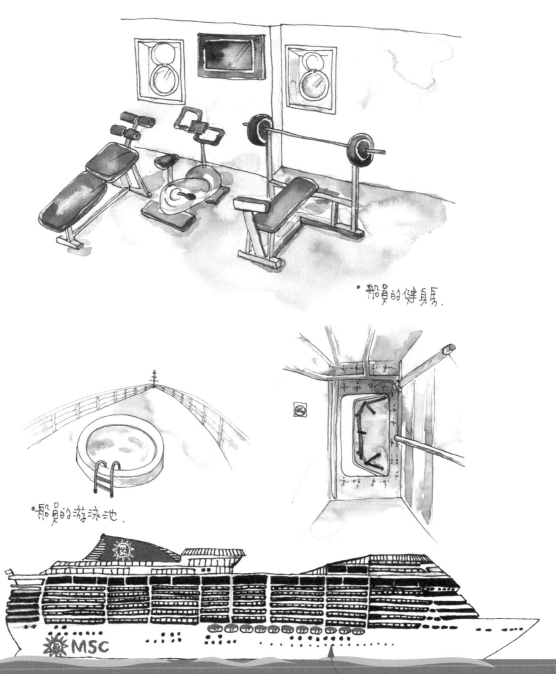

• 船員的健身房.

• 船員的游泳池.

• 4樓以下，為船員專屬區域.

Diary　船員的秘辛

那天船停靠在法國馬賽，他從船上眺望城市風光的同時，便說：「妳知道嗎？我在這艘船待了半年多，從來沒有下船過。」他是一位負責貴賓區 Bartender，來自印尼巴里島，他擦拭著手邊的玻璃杯，一邊說著。

因為需要服務旅客，工作與休息時間，將一天的時間分割成好幾段，有時休息時間與靠岸時間搭不攏，有時靠岸的港口與市中心太遠，即使下船了，也沒有多餘的時間進城觀光，日復一日，半年就這樣過了。

船上共有1300多名船員，隨時有人合約到期，下船離開，隨時有新進人員上船工作，沒有人能認識所有人，船員的工作夥伴，就像無止盡的接力交替。
船員們簽下一份工作合約，如同簽下了一份賣身契。
須依照合約期間內履行職務內容，一份合約往往長達九個月，在這期間，沒有任何假期，只有每天間斷式休息時間，直至合約到期時，可返鄉休息三個月，再決定是否續約，簽下另一份合約，將又是另一艘船，另一條航線，全新的工作夥伴。

有的船員因此遊遍世界各地，但城市景點卻只能點到為止，不能像旅客一樣盡興旅遊，有的船員有豐富的航海資歷，卻是長年離鄉背井，一年與家人只有三個月相處時間，雖然偶爾可透過網路聯繫，但船上的衛星網路價格高，訊號也隨著天氣好壞轉變，彷彿與外界斷了線。

這時候，我心想如果一份工作，必須與外界斷了聯繫，全心投入面對，我是否能適應？每一次工作結束，回到家鄉後，是否能銜接上大環境的步調？面對文化衝突，調適心情後，卻又必須再次離開，擁有這份工作是出於快樂，還是無奈？
不禁欽佩船員們盡職的工作態度，永遠笑容可掬地面對旅客。

‧當他領取畫作時,仍不忘替我招攬生意,
將畫作分享給其他旅客欣賞.

　紀念品

人生的不同階段,總會遇到一些特別照顧或關切自己的人。

剛上船時,我就像隻無頭蒼蠅,不清楚船上的制度與階級,與船員溝通工作內容以
及呈現方式,經過數次的磨合協調。

一開始,旅客們並沒有注意到船上多了一位畫家,而我也不擅長招攬客人,只默默
地在攤位上畫畫,數日下來,我只畫了寥寥可數的人像,不禁擔憂起慘淡的生意;這
時,一位船員總是前來攤位詢問我的工作狀況,關切我的船上生活,他是掌管船內
大小事的酒店總監 Nicola Capotorto,他為了讓更多旅客認識我,發工作名牌給我,
並特地將我的自我介紹翻譯成五種語言,發放至每間房內,漸漸地攤位上有著絡繹
不絕的旅客。

他就像一位關心晚輩的長輩,解決我在船上的疑難雜症;當我拿到工作名牌時,開心
至極地對他說:「謝謝,這代表我在船上的身份,也成為這份工作的紀念品。」接著,
他說:「我可以請妳畫一幅畫,也讓我有一樣紀念品嗎?」

於是,他請我畫下他的寶貝孫子,為彼此留下紀念。

Diary 專屬船員的 Party

「晚上有 Party，妳要來嗎？」一位船員對我說著。

那是船員專屬的 Party，我立刻欣然接受他的邀約，同時，他叮嚀我掛上工作名牌，有了工作名牌，才能進入非一般旅客的場所。

那晚收工後，我依循著船員的指示，掛上工作名牌，先走到了舞台秀場，許多舞者正在排演，其中一位看著我，原以為我是旅客，想將我驅離，但當他留意到我身上的工作名牌後，才向我打招呼示意；我便問：「Party 在哪裡？」

他對我揮手示意，要我跟著他的步伐，隨著他的腳步，我穿越層層高大的布幕，眼前一片漆黑，我不確信是否該繼續跟著他，因為他不是我所熟識的船員，讓我有些擔憂，屏住呼吸，帶著謹慎的步伐繼續向前。終於到了舞台後方，除了他，卻不見其他船員的蹤影，他搭起我的肩要我繼續往樓下走，動作有些曖昧，我不確信是否該繼續跟著他，但直覺告訴我，他有某種意圖。當我們進入了船艙內，四處是白茫茫的牆面和鋼鐵樓梯，密閉的牆面，不見任何一扇窗，我刻意和他保持距離，他留意到我東張西望和忐忑不安的心情。
「妳是第一次上船吧。」他一邊說著，再次將手搭上我的肩。

我點頭回應的同時，在不遠處聽到音樂與人群的喧鬧聲，我趕緊甩開他，衝向人群，在昏暗的燈光裡尋到熟悉的面孔。

我看著船員們隨著音樂起舞，為之瘋狂，不見平日的西裝筆挺和整齊儀容，取而代之是一身 Party 裝扮，有的在頭髮上噴染鮮豔的色彩，有的抽煙喝酒，有的隨著音樂扭擺著身體，這一切看似放鬆舒壓的管道，卻傳達出宣洩的情愫。

這不禁讓我想起，船員們在船上的工時長，在一般船的合約約半年～九個月不等，沒有周休二日，日復一日的工作，直到合約到期為止；每當節慶假日時，他們無法與家人親友團聚，卻必須為旅客慶歡。

這一切是為了一圓航海夢，為了優渥的薪資，為了家庭，讓他們選擇離鄉背井的工作，情感卻也隨著大海漂泊著，在船上結識新對象，心靈有了短暫的寄託，合約到期後，也許因其他不確定因素而分離，卻在另一艘船上再次展開新戀情，這裡的愛情就像合約一樣，具有時效性。

想著想著，心裡有種莫名的感慨與無奈，我便對身旁的船員說：「Life is a mess.」
那名船員以淡淡的肯定口吻附和著。
我們沒有其餘的交談，靜靜地各自握著手中的酒瓶，看著在舞池裡跳舞的人們，於
似乎都懂得那份感慨，瞭解那份無奈。

• 密閉式空間開Party，像極了地下舞廳.

• 桌上盡是喝剩的空酒瓶.
那晚，聽說有船員喝太醉，跑到旅客的區
域嬉鬧，而遭嚴處.

·畫完時,我隨口問 Mayumi:「妳未婚夫是哪裡人?」
「義大利人。」
「咦~妳才叫我小心義大利人,自己卻和義大利人跑走?!」
「我這個跟其他的義大利人不一樣。」Mayumi 趕緊為自己的另一半澄清著。

Diary 貼標籤

郵輪上有著來自世界各國的船員, 但亞洲人寥寥可數,日籍船員 Mayumi 是少數的亞洲船員,她曾在中國讀過書,說著流利的中文,也許因此,她時常以中文向我噓寒問暖,關切我在船上的生活是否習慣,而我也總是跟她分享著船上發生的點點滴滴。

船員 Party 隔日,Mayumi 請我畫她與她的未婚夫,同時,我忍不住跟她述說起 Party 上的經歷。「我在 Party 遇到一位身穿白色西裝外套的船員,大概跟他聊了幾句,他就邀我去他房間喝紅酒,我知道他別有意圖,便刻意迴避他,沒想到他緊盯著我,還要求我快點喝完手中的啤酒去他房間,說他等不及了。」
Mayumi 聽聞此事,詢問起那名船員的名字,但我卻記不得饒舌難發音的名字,只知道他是義大利人,而且外套上還有袖章,職位應該不小。

「義大利男生都這樣,妳一個女生在船上,小心不要被拐走。」Mayumi 好心叮嚀著我。

當我將此事轉述給其他熟識船員時,大家的反應都是:「那個船員是義大利人吧!義大利人就是這樣。」
義大利男性的好色多情,似乎已被全世界貼上標籤,許多案例不勝枚舉。

也許,並非所有義大利人都如此多情風流,然而,大家卻依個案只記得不好的一面。如一顆老鼠屎,壞了整鍋粥,就像有些亞洲女生偏好老外,倒貼主動,誤把老外吃豆腐當成美麗豔遇,卻沒想到無形中已被老外貼上 Easy girl 的標籤。

• 此素描畫是她準備送給男友的驚喜禮物。
我心想若是真心要給對方驚喜，又何妨在意多付一次錢，再買一幅畫呢?!

Diary 不可理喻

來自義大利的客人領取完成的素描畫時，鮮艷的水
染色彩吸引她的目光，她杵在我攤位旁許久，直至其他客人漸漸離開的空檔，她向
我提出畫水彩畫的要求，卻是要求我將剛完成的素描擦拭掉，再將水彩畫在同一張
紙上，因為她認為這樣就不需要再多付一次費用。

此要求，不禁讓我想起許多不可理喻的事。

朋友開餐廳，去餐廳用餐可享折扣，讓人覺得夠朋友。
朋友賣服飾，買衣服特別優惠，讓人覺得夠意思。
朋友從事藝術設計創作，請他幫忙設計，特地給予友情價，卻讓人覺得這個朋友有
點勢利小氣。

許多人以所見的成本，認為理所當然，莫視無形的付出，惡劣環境與錯誤觀念扼殺
創作者，卻沒想到創作者背後的辛勞。
即使是一個 logo，大家看到的只是色塊圖像，忽略了創作者是花多少心力，精神與
時間付出的成果；即使是一幅畫作，大家只看到上萬元的標價，卻是藝術家研磨多年
的成果。

每一位創作者投入的時間與心力，不是只能以數字衡量，從事創作並不容易，唯有
濃厚的興趣才能繼續走下去，在這之中需要支持與肯定，都是繼續創作的動力。

我理所當然拒絕她的要求，因為對自我領域的堅持，這是我創作的原則。

畫不像沒關係，記得幫我畫漂就好！

Diary 進行微整形

畫人像畫時，身後總會被人群包圍著，此時，個個就像藝術評論家，評論是否畫得像畫得逼真。

這位來自義大利的客人以義大利文提出購畫要求，下筆前，她又說著一長串義大利文，似乎要特別叮嚀些什麼，在完全無法溝通的情況下，透過另一名船員幫忙翻譯轉達，她說：「要幫我畫瘦畫美，畫年輕，畫不像沒關係，只要把我畫漂亮就好。」噢～時常遇到要畫美畫帥畫瘦的要求，要求要畫不像，畫漂亮就好，這還是頭一遭。

當我完成此幅畫時，路過的船員看到此幅畫，便婉轉地對我說：「Belle，妳把她畫得不太像她耶……」

「我知道，但我是應她要求的。」雖然嘴上這麼說，心裡卻有種不確信感，不知道是否符合她的要求，抱持不安的心情將畫交給她。
她一看到畫時，似乎畫出她要的模樣，讓她滿心歡喜的思緒帶出滿面笑容，並跟我道謝著。

一直以來，年長者或許因不想面對已逝的青春，而不愛畫寫實人像，總會拿著年輕時期的照片，這位客人不是拿著年輕時期的照片，而是要求我替她完成心中想要的模樣。
原來，畫畫也可以幫人微整形。

*來自西班牙的 Martina，精通5國語言，負
責說明介紹 YACHT CLUB 細節。
她在我要下船前一晚請我作畫，當她拿到
畫好，她滿意地向其他船員說：「其實素描在
巴塞隆納的街頭很多畫家都會畫，但 Belle
的水彩畫，是她獨有的特色，無論如何我
都要畫一張做紀念。」

Belle
30. Apr '13

Diary 獨一無二

某次，我和舊識友人相聚，相隔十年再次碰面，他對我說：「妳和十年前的妳，一
模一樣。」

我們的眼神相會，接著他又說：「許多人經過社會歷練，環境因素，學會包裝和隱
藏自我，懂得社交場面；而妳即使經歷過社會磨練，仍是保留最真的妳，個性依然直
率真誠，保留最『真』的妳，對於創作者而言是非常棒的。」

一直以來，我憑著直覺交友，不喜歡拐彎抹角，即使在社會打滾幾年，仍是不會講
場面話，完全不懂得收斂高興或不開心的情緒，壓抑不住心中想法，面對不講理的
事，我會據理力爭；若朋友有不對之處，我會坦白向當事人表態，而非在背後評論他
人。
漸漸地和我投緣的友人都有著相同特點，講話直白，可能無意間會得罪人，卻是最
真誠。

或許因此，我憑著感覺走，也越來越重視感受，開始發現每個人對我而言擁有個人
的色彩，就像『AURA』（氣場、氛圍），透過水彩畫畫出對他人感覺的顏色，從顏
色我感覺出個人的個性，感受到情侶間的相處模式，就像感受到磁場氛圍。
那種感覺說不上來，我只能一次又一次地透過畫筆，將色感的敏銳度和真誠的感受，
呈現出來，久而久之，成為個人特色。

一天玩一國，郵輪原來這樣玩

體驗各國各城風情，就此展開跳躍式的旅遊

戈尼斯.
nice

Croatia

Italy

oma
羅馬.

Dubrovnik
克羅埃西亞.

Bari
巴里.

科孚.
Corfu

Greece

Athen 雅典

Olympia
奧林匹亞.

Santorini 聖托里尼.

sia
亞.

●我搭乘的兩艘郵輪,分別行經西地中海及東地中海.

西地中海:熱那亞→法國馬賽→西班牙巴塞隆納→瓦倫西亞→北非突尼西亞→義大利羅馬→熱那亞.

瓦倫西亞→北非突尼西亞→義大利羅馬→熱那亞.

東地中海:威尼斯→義大利巴里→希臘奧林匹亞→聖托里尼→雅典→科孚島→克羅埃西亞杜布羅夫克尼→義大利威尼斯.

沿途體驗歐洲各城風情,北非阿拉伯情調.地中海浪漫小島,就此展開跳躍式的旅遊.

France 西地中海

我報名參加馬賽＆阿維尼翁的
岸上觀光團，
從馬賽搭乘約 1.5 小時的車程
到達阿維尼翁。
阿維尼翁 Avignon 位於法國
南部，該城市始建於羅馬時
期。

* 教皇宮
14世紀羅馬教皇的居所，外觀看起來相當古色古香，
內有許多教皇所收藏的奇珍藝品。

* 羅馬時期的輸水橋，稱為貝內澤橋，
傳說一位牧羊少年貝內澤經由神的指示，獨自
搬了數十人才能搬動的巨石確立的建橋點，
號召所有人民一起建橋，由於曾被洪水沖垮
數次，又多次重修，到了17世紀，大家決定不再修
橋，留下斷橋遺址。

Belle 莊慧如
2013. Avignon.

【法國馬賽】

馬賽是法國第二大城市，也是最大的海港，該城市三面被石灰岩山丘環抱，水深廣闊，讓船隻通暢無阻，地理位置相當得天獨厚，為法國對外最大門戶。

這是我第一次搭郵輪，上了船以後，才知道原來搭郵輪是這樣玩～～

一天跑一國，不需要將行李搬上搬下，搭船既是交通工具，也是休閒娛樂，和我以往拖著笨重行李周遊列國，簡直天壤之別。

從馬賽前往阿維尼翁的那天，我認識來自澳洲的 Anita 和 Tony。

Tony 是一位雕刻藝術家，每年都會參加藝術家交流學會，到國外展出作品並藝術交流，Anita 則是他的學生之一。

因此，無國界的藝術成為我們共同話題，相談甚歡，我和他們分享尊榮級的貴賓室；當他們知道我苦等四個多月才得到這一份工作時，Tony 便對我說：「妳是一個很有智慧的人。」聽他這麼一說，我停頓住了，好奇於他的讚美。接著他又說：「一般人站在框框裡思考，凡事深思熟慮，卻猶豫不決；而妳是站在框架外思考，將想法付諸行動並勇於嘗試，眼光放得遠，得到更多意想不到。」

我下意識微笑著，卻不知道是否該接受他的讚許，這就像網友們跟我說：「Belle，妳好厲害！」「妳好棒！」

其實我只是給自己邁出那一步的勇氣，單純做自己喜歡的事，依循著內心創作作品，追夢的傻勁形成一種使命感，驅使著我完成心中的想法，堅持不放棄，逐步前進。

· 巧遇馬賽港口的假日市集，攤販賣著各式口味的馬卡龍，也因此讓
我完成在法國街頭品嚐道地馬卡龍的小心願.

Nelly & Bro Oct 2013 · Barcelona

【為了聖家堂，被丟包在所不惜】

西班牙是我第一次自助旅行的國家，也因此我對她有著特別情愫。

記得，當年背著 17 公斤的登山背包，跑遍西班牙的大小城市，每天玩得筋疲力盡，睡不飽，讓黑眼圈總是掛在臉上，玩得盡興，但必須背起十幾公斤的行囊移動，爬上爬下，真的耗盡體力，讓人累到趴。

這次搭郵輪來，省下搬運行李的麻煩，體驗真正的輕旅行！

港口離巴塞隆納市中心不遠，即使不跟團，自由行也相當便利；我與同桌用餐的旅客一同下船，一位是來自台灣的 Karen，另一位是來自中國的熊貓先生。

我們決定來趟高第之旅，搭乘 Shuttle bus 到達哥倫布廣場，附近有許多紀念品攤販與街頭畫家，讓人看得目不暇給，我們邊走邊逛著，始終沒忘記今天的目的，對我而言是舊地重遊，但仍想再次欣賞高第歎為觀止的建築設計。我們一路走到了巴特婁、米拉之家 …… 最後來到聖家堂。

象徵萬物不息．鐘樓頂端以水果作為裝飾．

* 1884年聖家堂 Sagrada Familia 面向東邊的「誕生立面」是高第最先著手建造的一部份．

誕生立面描繪耶穌在世時的景況，充滿了耶穌對世人慈愛的善舉，高第以淺顯易懂的手法，將聖經故事表現在聖家堂的東立面上．

「愛之門」描述耶穌的誕生，加上有許多鵜鶘象徵著愛．

「望之門」描述耶穌童年時遭遇的暴行一

「信之門」描述聖經中詮釋信仰的景象．

由於東邊面向太陽昇起方向，藉此比喻光明，救贖，這也是高第選擇最先建造東立面的原因，為世人帶來希望和果仰．

我杵在那許久，被這全世界最多人觀看的工地，蓋了百年仍未完工的聖家堂震驚了，比起七年前，更加壯麗繽紛，遊客更是絡繹不絕。

此時，熊貓提出入內參觀的想法，但我與 Karen 都是舊地重遊，所以未參與他的提議。

熊貓與我們分散後，自行參觀聖家堂，我與 Karen 在回程的路上，一邊問路，一邊慢慢走回碼頭，不知道為什麼忽然有種不祥的預感，於是，我忍不住說：「我有點擔心熊貓，他 4 點才進入聖家堂觀光，6 點是最後一班 shuttle bus，他還要從聖家堂走 5 公里才會到碼頭，會來得及搭船嗎？

從聖家堂可以搭地鐵到哥倫布廣場附近，但他知道如何搭地鐵嗎？如果來不及搭上 shuttle bus，他要怎麼搭車到港口呢？」

我滿腦子的疑惑與擔憂，Karen 說：「他都比我們年長，我想他會照顧自己的。」這句話頓時撫平我的擔憂。

我與 Karen 順利回到船上，當離港時間逼近時，負責中國接待的船員以迫切的口吻廣播著：「住在 XXXX 號房的旅客熊 X 先生，請您盡快至五樓大廳櫃檯服務處！」天啊～這是怎麼回事？！熊貓被廣播了，他還沒上船嗎？還是上了船沒刷到他的船卡？！我還在思索的同時，船身開始緩緩移動……不會吧，一語成讖，他真的要被丟包了！！

我依照用餐時間到餐廳，看到熊貓先生拖著疲憊的身軀，癱軟的雙腿坐在餐桌前，我不禁一問：「剛剛那廣播怎麼回事？你差點要被丟包耶！」

頓時，全桌的人都笑翻了，因為只要聽得懂中文，都聽到那段廣播，都知道有人來不及登船，讓船延誤離港時間。

熊貓先生向大家解釋著 ..... 因為聖家堂的美麗，加上他記錯船隻離港時間，從聖家堂走回哥倫布廣場時，誤以為時間很充裕，去程他是搭公車來的，所以回程找不到搭 Shuttle bus 的會合點，找了數十分鐘後，他決定搭計程車，偏偏帶了 100 歐元大鈔搭計程車，司機一時無法找零，兩人在車上為此糾結數十分鐘……

他說到此時，我們全都捧腹大笑了

大夥兒笑歸笑，也為熊貓順利趕回船上感到慶幸，不然被丟包可真是不敢想像。

•教堂內的天花板、支柱皆有各式各樣的彩繪圖騰。

•後來船再次來到巴塞隆納，讓我有再次入內參觀聖家堂的機會。

當年還是堆積石塊的工地，現今已如開枝散葉的森林。高第以大自然生生不息作為設計理念，以樹枝狀的柱子，支撐著高聳的教堂，頂端開枝散葉。黃綠色的光芒相互應著，彷彿陽光穿透綠葉，全然營造森林的氛圍。

信徒殉難的耶穌高掛於教堂內，抬頭就能見到信仰。

•教堂內的玻璃彩繪反射出五彩繽紛。

「我一直在想⋯如果有朝一日能再次造訪巴塞隆納，我一定要畫下高第建築。於是，我開始創作一系列高第建築畫」作。

・高第——米拉之家.
我把得自己.熊貓.Karen畫入畫中.

當我為她完成畫作時，她表示相當欣賞我的畫風，
無論人像畫、風景畫，也在此時向我提出繪製奎
爾公園的要求。

Kar 的老公看到畫時，便說：「妳畫中的顏色，就像她
平常穿著的顏色。」

畫作以數百歐元被有緣人收購

一直以來，成長環境灌輸給我們的觀念是，畫畫不能維生，做設計是門苦差事，而
國外是藝術家的天堂，設計的大本營，讓藝術工作者有顆想奔向國外的心，同時也
認為老外對藝術的支持度較高，我以相同的心態來到歐洲，卻發現這一切，並不全
然如此。

一路靠才藝旅遊，賣畫、為人作畫，從澳洲到歐洲，從陸上到海上，我接觸來自各
國的人，而每個人對藝術的認知與認同度，卻截然不同。
即便是人像畫，有人覺得便宜，有人嫌貴。願意買單的人，無論到了哪，都願意支
持藝術，因為他們懂得藝術鑑賞的同時，也需要給予創作者更多的支持；不願意花錢
在藝術上的人，即使便宜降價，也捨不得掏腰包。

當我為加拿大的華裔 Kar 作畫時，她看著桌面上的其他幅風景畫，便問：「這些風
景畫，也是妳畫的嗎？」
我點點頭表示肯定，接著她又問：「妳有要畫高第的奎爾公園嗎？」
我再次給她肯定的回覆，她要求我在她下船前完成，並將她和她老公畫於畫中，她
所提出的要求，我都同意了，但她卻說：「可是我不一定會買。」
我面帶著笑容對她說：「沒關係，我本來就有要畫奎爾公園，只是我不確定是否能
如期完成，因為這屬於特殊技法創作，相當耗時，花心力，我盡力而為。」

接著每一晚，她都前來攤位上和我打招呼，同時關切畫作的進度，直到她下船的前

一天，我完成了畫作。
她又驚又喜地捧著那幅畫，滿意的思緒讓她想擁有它，畫作也以我的定價成交。

此刻，我慶幸著，所遇到的並非僅是欣賞作品，而是真心願意支持藝術的人。
藝術，並非有錢人的專利，而是在於有一份願意付出的心。

* Kar知道我的風景畫中的人物都有故事後，便拿著她和她老公的照片，
請我將他們倆畫於畫中。
後來得知，我們是同一天造訪奎爾公園，於是我將自己和他們都畫於畫
中。

·高第—奎爾公園·
畫中有我、Kar和她的老公，我特地手繪他們手牽手遊公園的
模樣，讓她直呼～so sweet～.

・高第一巴特婁.

　賣出奎爾公園後, 我將此訊息po上網.
　引來網友來信購買高第一巴特婁.
　畫作再次以數百歐元被有緣人收藏.

　・畫作尺寸：16開.
　　畫作詢問度極高. 售出後, 仍有其他客人欲購買此畫.

Delle 井上裕之 Barcelona
27. Apr. 13

拐腳也要吃西班牙海鮮飯

每到一個國家，必定品嚐道地美食，它們的美味讓我魂牽夢縈，如北海道的不可思議泡芙，匈牙利肥美的鵝肝，比利時的焦糖鬆餅，德國的熱紅酒，西班牙則是西班牙海鮮飯。

西班牙對我而言具有某種魔力，讓我愛上她，也愛上西班牙的美食，尤其是西班牙海鮮飯的美味更是讓人流連忘返，返台後曾經遍尋各地，意圖再次品嚐它的美味，卻一再落空。
在我的強烈推薦下，熊貓與 Karen 也為之心動。
我們三人再次一同下船，這回熊貓因在巴塞隆納險丟包事件，以致原本的腳傷復發，撐起拐杖造訪瓦倫西亞。

瓦倫西亞是西班牙的第三大城市，是一個港口與工業城市。我們拿了船上提供的免費地圖，不跟團、不血拼、不往著名景點朝聖，而著重於餐廳裡的海鮮飯。

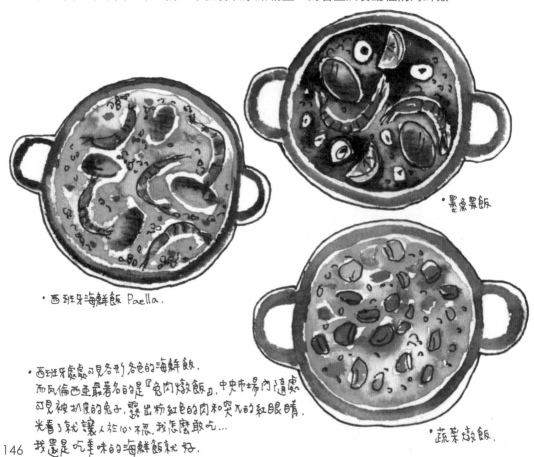

· 西班牙海鮮飯 Paella.

· 墨魚黑飯

· 蔬菜燉飯.

· 西班牙處處可見各形各色的海鮮飯.
而瓦倫西亞最著名的是『兔肉燉飯』,中央市場內隨處
可見被扒皮的兔子,露出粉紅色的肉和突兀的紅眼睛.
光看了就讓人於心不忍,我怎麼敢吃...

146 我還是吃美味的海鮮飯就好.

終於讓我再次ºº嘗道地美味！
最愛的西班牙海鮮飯配檸檬芬達.

˙熊貓先生跟船上借了拐杖, 成爲傷殘人士的旅者.
雖然值得同情, 但我和Karen想起廢丟包事件,
仍是忍不住譏笑‥‥

‧Sidi Bou Said西迪布賽小鎮也於突尼西亞北部，坐落於迦太基和厄爾喀薩之間，整個城鎮以白色藍色為主色，因此稱為『藍白小鎮』。
這裡布希臘相同的藍白色調，但不同的是，這裡是上演阿拉伯風情的藍白小鎮。

【突尼西亞，給小販追著跑】

早晨船還未靠岸，已耳聞岸上傳來喇叭旗鼓聲，當地樂隊站成一排演奏著阿拉伯音樂，稱不上悅耳，卻瀰漫著某種情調，搭配阿拉伯風建築，加上後方一隻隻訓練有素的駱駝緩慢走著，如一幕幕電影，拉開在眼前。

前一晚還在歐洲，一覺睡醒後，已來到非洲─突尼西亞。

突尼西亞位於非洲北部，法語與阿拉伯語為主要語言，有百分之四十的國土是撒哈拉沙漠，剩下百分之六十是富饒土地，西元前三世紀就已成

為迦太基的發源地。

每到一個景點，我都會向資深的船員打聽值得造訪的景點，再決定跟團還是自由行，當船員說到突尼西亞時，則會說：「突尼西亞很危險，不適合自由行，市中心時常有暴動。」船員警示的話語深深烙印在我心裏。

第一次踏上突尼西亞時，我乖乖地跟團參觀迦太基遺址和藍白小鎮，認識他們的古文明；隔週再次到來，沒有跟團只在岸邊閒晃，遇到小販為了招攬生意，讓我免費騎駱駝；再隔週，前往突尼西亞的前一晚，節目表單上破例提供前往梅迪拉老城的 Shuttle bus，雖然市中心有風險，但無論如何我都決定要前往一探究竟。

興奮期待之餘，同時擔憂著未知的突尼西亞，忐忑的思緒，讓我輾轉難眠。

梅迪拉（Medina）老城佈滿了抗議布條和拒馬，通緝犯告示海報，數名警衛戒備森嚴。老城的市集面積相當大，在圓頂封閉式巷弄內，就像不見天日的迂迴長廊，有銅器巷、金銀手飾巷、香料巷、阿拉伯帽巷、阿拉伯服裝巷、橄欖木製品巷、地毯巷等等，讓人眼花撩亂，船員還提醒我：「這裡的路很相似，逛的時候除了要小心扒手，還要小心不要迷路。」平日自認方向感很好的我，這次一點也不敢鬆懈。

我一邊走一邊拍照，是為了記錄，也為了迷路時方便問路；在巷弄間，許多攤販站在店家門前吆喝招攬生意，我隨意拿起一條普通的項鍊詢問價錢，要價「20 €」，我覺得擺明敲竹槓，立刻轉身離去，小販卻追著我，硬是將項鍊戴在我的頸部，又說：「15 €？10 €？」他的強迫性消費已經讓我感到不舒服，取下項鍊，加快步伐離去，他又再次猛追上來，「5 €？3 €？2 €？」，最後，連「1 €」都喊出來了。

我開始發現這裡有哄抬價碼，再讓旅客瘋狂殺價的慣性，還有會追著人跑的小販，為了避免麻煩，我不再主動向攤販詢價，更不敢將相機交給當地人幫忙拍照，哪怕任何一個動作，都可構成他們討錢的理由。

突然，有人輕拍了一下我的肩膀，打斷了我的思緒，一名男子給我看著他手中的明信片，並示意要我跟著他，似乎要帶我過去某個觀光景點，即便我知道這麼做有風險，在好奇心的驅使下，我緊握著防狼噴霧劑跟隨著他的步伐。

不記得穿越多少曲曲折折的巷弄，因為它們都看起來好像，處處都是阿拉伯風建築，最後，他帶我來到一棟舊建築，在那巧遇 MSC 的觀光團，船員一見到我便問：「Belle，妳自己請導遊嗎？」我搖搖頭表示否定。接著，他又說：「妳知道妳這樣被帶來很危險，妳不該這樣跟他來的，等一下他會跟妳討錢。」萬萬沒想到再三警惕，還是中了圈套。

舊建築內販賣著阿拉伯風地毯，樓頂則是伊斯蘭教的建築遺跡，色彩豐富的手繪壁磚與藍色鐵窗相呼應著。在那裡，我遇到一位法國男生，為了增加膽量，我們倆決定結伴同行，不妙的是我們都不記得回程的路，來回穿梭在不見天日的巷弄間迷路找路，彷彿鬼打牆找不著出路，眼看距離搭乘 Shuttle bus 只剩一小時，我更為緊張與不安，如果來不及搭巴士，我就必須自己想辦法回港口，如果來不及搭船，我就要被丟包在突尼西亞……這些無限的想像已殺死一堆腦細胞。

所幸，依循著大建築地標，回到了巴士搭乘處，和法國男生道別，我順利回到船上。
其他船員像平日般向我噓寒問暖：「妳今天去哪逛啦？」
「市中心。」我以平靜的口吻回答著，雖沒說出冒險驚魂記，那些際遇仍讓我心有餘悸。

• 梅迪拉古城是伊斯蘭傳統建築的象徵。
保留了7世紀的阿拉伯歷史的城市建築，更是被列為世界文化遺產。
據說坐在圓拱下許願，願望會成真，當時我坐在圓拱下許願……希望今天我能順利回到船上……

先知穆罕默德之女法蒂瑪的右手，稱為「法蒂瑪之手」足西亞以及北非地區常見的掌型護身符，為對抗邪惡之眼的吉祥物，許多人以她的手印祈求保佑，五隻手指同時也象徵伊斯蘭教的五大基柱。

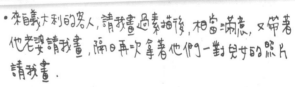

• 來自義大利的客人,請我畫過素描後,相當滿意,又帶著他老婆請我畫,隔日再次拿著他們一對兒女的照片請我畫。

• 某次,我下船在岸邊騎駱駝,巧遇這對夫妻,他們邀我一起喝咖啡.接著,和演奏的小販合影拍照,小販把我包的窒不通風就罷了,這樣居然還索價5€!

羅馬競技場是古羅馬人舉行人獸
表演的地方,參加的鬥士需和猛獸
互相搏鬥至一方死亡為止.

競技場的看台以三層混凝土製
成,每層以80個拱形成三圈
的環形巷廊,共可容納約
5萬人.

Belle 莊蕙如. 2013 Roma

【許願池，果真靈驗】

羅馬有許多著名景點，羅馬競技場、梵蒂岡、萬神殿、西班牙廣場、君士坦丁凱旋門、特萊維噴泉等等。當我接到這份工作通知時，第一個想起的地方是特萊維噴泉。

特萊維噴泉是羅馬最著名的許願池，天天都有世界各地的觀光客慕名而來，每日約有 3000 歐元的硬幣投到許願池內。我曾在那投下硬幣許願，不記得許下什麼願望，卻記得導遊說：「來到這裡許願，要背對許願池，由右手往左肩後拋出硬幣，願望不一定會實現，但是在這裡許願，許一枚硬幣，這輩子將會再次回到羅馬；許兩枚硬幣，則會發展新戀情；許三枚硬幣，則會結婚或離婚。」轉眼間，那是十年前的事了。

當時我以學生身份，第一次踏上歐洲領土，期許自己有朝一日能學會自助旅行，開拓視野，行遍萬里路。這段期間，為了增進語言能力，早早開始苦讀 ABC；為了學會自助旅行，上網爬文請教背包客前輩；為了能背起數十公斤的行囊，下班後健身鍛鍊體力。

十年，這些景點沒有太多的改變，千年古蹟建築仍維護修復著，依然人山人海，熙來攘往，而我也不再是學生，在專業領域上精進，也學會自助旅行，在旅行中成長，也改變我對事物的觀點。我不再像一般觀光客，每個景點都要買紀念品留念，因為畫筆可以創造出更有意義的回憶；我不再走馬看花，因為了解人文歷史的背後，才會刻骨銘心；我不再跟著旅遊書介紹的景點旅遊，傾向就地取得最新又獨特的資訊；我不再買非當地製作的商品，開始喜歡 handmade（手作）的獨特性，每一件作品代表創作者的心力，具有特殊價值……許多心態上的轉變，但對藝術設計的熱誠，始終如一。

最後一次前往羅馬那天，有些精神恍惚，肩頸痠痛四肢無力，重感冒衍生鼻塞、喉嚨痛，長期睡眠不足造成抵抗力下降，我發燒了。用意志力死撐著，觀光旅遊也是我的工作之一，不能倒下，晚上還要為旅客作畫。

此時，這份人人稱羨的工作，感覺額外諷刺，因為它需要強健的體魄，日以繼夜投入，別人在休息度假，卻是我的工作時間。旅客悠哉享受船上設施，我仔細記錄生活點滴，盡全力做到最好。無形之中，壓力如滾雪球般越滾越大。
創作便成為我疏壓的最佳管道，心情不好時，畫些自己喜歡的圖，便豁然開朗，有時因一景一幕有所感觸，描繪當下的感受，創作帶來的滿足感油然而生。
霎時明白自己為什麼喜歡這份工作，並非它能讓我環遊世界，而是它結合我的才能

與興趣。

十年間，我一直是個喜歡畫畫的女生，未曾改變，如今在無預料的情況下，重返羅馬，是靈驗的許願池把我帶回來？還是我的繪畫才能讓我回到羅馬？都不重要了，無論如何，我都會永遠熱衷於自己的興趣，持續創作。

- 梵蒂岡是世界上最小的國家，僅有0.5平方公里的領土，因天主教在全球有龐大的信仰人口，無論文化或政治，對全世界別具影響力，還擁有自己的郵票和郵戳，讓我好想擁有，但當時因來不及寄明信片，如今終於完成十年前的心願。

- 港口距離羅馬市中心約1.5小時車程，可選擇要參加岸上觀光團，或自行搭車前往羅馬市，若計程車前往羅馬來回車資40€，還包含整天計程車司機帶你逛羅馬。

抱病旅遊的那天，我參加MSC觀光團遊羅馬，旅客都是結伴同遊，顯得我形單影隻，
我也因精神不佳，對許多事物意興闌珊，不願主動與人交談。
這對來自巴西的夫妻，他們熱情的態度感染了我，我與他們同遊，互相幫彼此拍照，
當他們得知我是船上畫家時，馬上預定請我作畫。

那晚，他們成為我第一位客人，拿到畫後，他們緊緊擁抱我，說著一些祝福彼此的話，
為隔日他們即將下船道別，也為我替他們作畫留念道謝。
那時，人與人之間的情誼，不是用時間長短來衡量，即便短暫相識，往往卻是最真
誠的友誼。

How can we live without you?

不知不覺，我在 Splendida（輝煌號）已工作一個月，這段期間的體驗，既特殊又刻骨銘心，更是顛覆我許多觀念與想法。

我一直以為搭郵輪是一項昂貴的旅遊方式，這卻是西方國家普遍的小資旅遊；以為不該花錢住「交通工具」，卻是最佳的輕旅遊方式；以為一天玩一國一城會很匆忙，但減少拉車時間，絲毫不耽誤觀光時間；以為在船上會感到無趣乏味，這裡卻有許多活動與設施，每日充實精彩。

有時欣賞夕陽風光，有時在甲板上和海鷗一起賽跑，有時吹著徐徐海風，聽著浪花濺起聲，每天睜開眼換一國一城，迎接不同風情風貌，讓人感到新鮮有趣，似乎岸的那端永遠招手歡迎著。

這些日子以來，我接觸來來去去的旅客，與船員們朝夕相處，聊著彼此。他們有時來我攤位前噓寒問暖；生病時，每餐飯後為我準備一杯熱蜂蜜檸檬汁，我的病痛便無藥而癒；當我被換到貴賓室時，我和他們分享著酒水無限暢飲；當我被換回一般客房時，負責貴賓室的船員們，仍讓我進出貴賓室，繼續享有貴賓室的設施；有時和船員們一起下船，不是為了觀光，而是享受下午茶時光。
我開始了解船上的生活，懂得船員間的默契，漸漸地，我們越來越熟識，無形中我成為他們的夥伴。

某次早晨，我未到餐廳用餐，晚上船員們見到我時，一副失而復得的神情，對我說：「我們以為妳今天下船離開了，以為妳不告而別……還好妳還沒走……」接著又說：「How can we live without you？」
那句話讓我的內心掀起一陣漣漪，勾起許多不捨，一個月的相處，一起以海為家的日子，我知道我會懷念這段時光，我知道我會想念一起航海的夥伴，但前往下一艘船的船票緊握在手中，似乎提醒著我該離開了，讓這些回憶滲入我的心扉，模糊我的雙眼。

【迷人的鞋跟處】

對於不常出走的人而言,踏出那一步似乎有些難度,無論我怎麼費盡唇舌,遊說台灣男友來一趟歐洲旅遊,仍是無法讓他下定決心。此時,船身正緩緩移動離開港口,念頭一轉,我將視訊螢幕面向大海:「你看～船在開了,明天又要前往另一個國家了,很有趣吧。」此舉確實打動了他。

於是,我們相約一起搭乘東地中海航線 Fantacia(幻想曲號),也是我在 MSC 上工作的第二艘郵輪。

這艘船內的配置,幾乎完全與 Splendida(輝煌號)一模一樣,兩艘船有姐妹號之稱,卻跑著天壤之別的航線。

船隻停靠在義大利巴里(Bari)的那天,我們參加 MSC 觀光團前往阿爾貝羅貝洛,距離巴里約 1.5 小時車程,位於義大利的鞋跟處。

循著領隊的腳步到達小鎮,讓我們又驚又喜。小鎮以當地石灰石搭建又尖又圓的石頭屋,也稱之為「斗笠村」。

此種房屋不僅外觀別具特色,居住起來還冬暖夏涼。起初,利用石塊簡單堆疊,是要作為倉庫與田地看守人的居住所,建造石屋完全沒使用石灰石或水泥粘著固定,傳說這是為了逃稅,每當稅使前來稽察時,先將屋頂拆掉,便可免報稅。

但後來漸漸發展成住屋,開始有連棟形式,便集結成村鎮,共有 1400 棟小石屋,並於 1996 年列為世界遺產。

又尖又圓的石屋佈滿整座山,置身其中彷彿走入童話故事。

• 購買當地石材製作的小石屋.
  大的 8€(大石塊堆砌,較粗糙).
  小的 5€(小石塊堆砌,較精緻).

．屋頂最頂端豎立著宗教及當地風俗的象徵符號，屋頂上的圖案分別為原始
符號、避邪魔法符號、天主教符號 象徵等等，作為永保安康之意．

⌒ 原始符號．

⌒ 避邪魔法符號．

⌒ 天主教符號．

．當地購買的明信片．

‧阿爾貝羅貝洛（Alberobello）義大利原意「美麗的橡樹」，
因此又稱為「麗樹鎮」。
此屋無樑柱，以石塊層層堆疊，白色部分為漆上去的，
灰色部分則為原本的石頭顏色。

經過戰亂和天災填毀，奧林匹克運動場，只剩寥寥幾隻石柱。

167

【希臘神話故事，奧林匹亞】

從小不愛讀書，沒有名列前茅，藝術是我最大的興趣，也是唯一的驕傲。學生時期，研讀建築設計史掀起我造訪名勝古蹟建築的決心；研習美術史課程，了解藝術的演變，每一幅畫的涵意，創作背後的故事，欲親眼目睹真蹟名畫，其中印象最深刻的是希臘神話。

希臘對我而言，是一個又浪漫又歷史悠久的國度，也是我嚮往的國家之一，船還未靠岸，期盼的思緒讓內心澎湃不已。

奧林匹克運動會於古希臘前三千年，開始舉辦，此地因此名為奧林匹亞（Olympia）。

傳說西元前 9 世紀，Elidos 發生內部戰亂，國王為了避免內戰再次發生，詢問女祭司該如何避免。女祭司則建議他為眾神舉辦運動會。
因此奧林匹克運動會就此每四年舉辦一次，中途曾因古希臘沒落，而停辦 1500 年，直至 19 世紀，才開始延續下去。
一根根希臘風格的石柱，許多希臘神話故事從腦海浮出，宙斯、雅典娜、戰神提坦、維納斯、邱比特、繆斯、太陽神阿波羅……
這些眾神我都曾經畫過讀過，這一切彷彿歷歷在目。

「讀萬卷書不如行萬里路」，依循著歷史足跡旅行，讓我對這句話有更深的體會。
在資訊爆炸的時代，媒體氾濫，我們不斷地接受新資訊，有時過多的資訊，卻讓人們失去判斷真偽的能力，盲目地追隨主流思維，忘記獨立思考。

透過電視和書籍的傳達，永遠比不上親身經歷和體驗，推翻根深蒂固的觀念，才能敞開心胸擁抱世界。

- Traditional Pure Olive Oil Soap

當地盛產橄欖,並以橄欖製作出純天然的橄欖油、橄欖油香皂、香精聞名全球.
我買了兩個橄欖油香皂,還附上吸鐵,味道清香好聞.

我一直認為有些景點需要和心愛的人一起旅遊，同遊聖托里尼那天，男友一直在我耳邊碎念：「當初就說一起來希臘，妳不肯(指交往前)，看吧～現在還不是吵著要我跟妳一起來(指交往後)。」

【一輩子要來一次的聖托里尼】

聖托里尼（Santorini）是許多人心中夢想的島嶼，由火山組成的環狀島嶼，位於希臘東南方的愛琴海上，浪漫藍白相間的小屋聞名全球。

船錨沈放海中，郵輪不偏不倚停靠在海中央，我們搭乘接駁船前往聖托里尼島，從不遠處便可見白色的房屋沿著山崖邊形成山城，那裡是伊亞（Oia）小鎮，也是廣受大眾喜愛，成為熱門的觀光景點。
據說因為聖托里尼夏天天氣炎熱，為了避熱，才將房屋漆成白色；窗戶做到最小，則是為了避免寒冬強烈的海風；屋頂以水泥製成，是為了避免海風將屋瓦吹走；而教堂漆成藍色屋頂，如此一來，更別具特色。

曾經有船員跟我說：「東地中海航線是一條浪漫的航線。」這幾天下來，我對這句話的體悟特別深。每當船停靠一個景點，總是讓我滿載期待，帶著興奮無比的情緒，

探索新的旅程。

而且，這一趟航線，多了一個人和我一同分享。

我一直認為「分享」是旅行中，相當重要的一環。

旅行時，需要他人分享旅遊資訊；當沙發客時，與屋主分享旅行故事；與背包客結伴同遊時，分享彼此的食物，把酒言歡；欣賞良辰美景時，將美好的事物分享給對方，讓回憶流入心坎裡。

看似一個人的旅行，卻在無形之中，不斷釋放與接受，再傳遞出去，一切默默循環著。

旅行在乎的不是去過多少國家，看過多少城市風光，而是和對的人分享。

一個人旅行不孤單，沒人分享才寂寞。

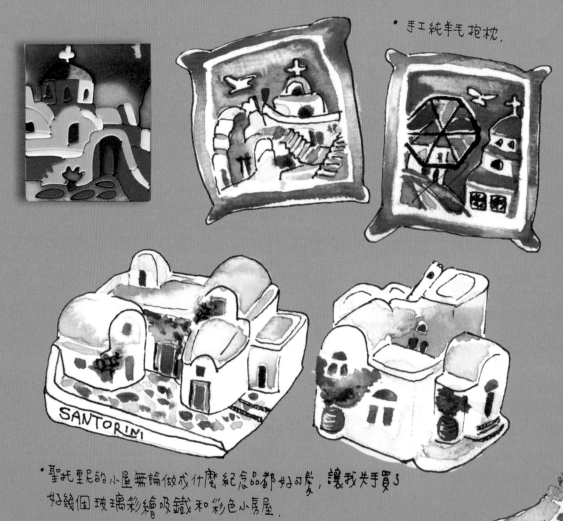

・手工純羊毛抱枕.

・聖托里尼的小屋無論做成什麼紀念品都好可愛，讓我失手買了好幾個玻璃彩繪吸鐵和彩色小房屋.

Santorini

SANTORINI

Georges Mers

* 伊亞 Oia 位於聖托里尼島北面, 那裡
有藍色屋頂教堂、彩色小屋、無數
精緻的白色房屋, 還有傳統希臘
式風車. 浪漫的景色令人迷醉.

• 身穿白外套的皆為船員，分別為船長、副船長、酒店總監與執行長，其他則是和我一樣受邀請的貴賓。

船長之夜

船上每晚除了有表演秀之外，還會依照當日國家風情而舉辦特別晚會，例如：從義大利離港的那晚稱為「Italy night（義大利之夜）」。餐廳內的佈置與服務生的服裝皆以義大利國旗色系搭配，接近用餐尾聲時，餐廳內播放義大利著名的歌曲『Nel blu dipinto di blu』，此刻所有服務生揮起餐巾又唱又跳，同時也要求旅客們一起揮著手邊的餐巾，綠、白、紅各色的餐巾在歡樂的氣氛中揮舞著，將義大利的熱情傳遞至每一位旅客心中。

還有一個更特別的夜晚，稱為「Captain night（船長之夜）」，那是相當重要與特別的夜晚，節目表上提醒旅客，建議穿著「正式服裝」，因為那是旅客能與船長見面的唯一機會，幸運的話，還能與船長合影。

記得，我在船上經歷過數次船長之夜，由於我沒有正式服裝，也因工作關係，無暇參加。每到船長之夜時，看著旅客們身著西裝、禮服，宛如走星光大道般爭奇鬥艷，

攝影師藉機捕捉著旅客的身影，而我則是為旅客們作畫。
作畫時，我真心希望自己能挪出時間去參加。

某日，我收到一封邀請函，上面寫著：The Captain cordially invites You to dinner with him tonight. （船長誠摯邀請您今晚共進晚餐。）
當下我愣了數秒，心想這應該是一般廣告信，便沒放在心上，還答應那晚與其他船員共進晚餐。

忽然房內的電話響起，電話的另一端是櫃檯人員，說著：「我想確定妳是否能接受船長的邀請，與船長共進晚餐。」
當下我驚訝不已，天啊～我真的要與船長同桌共進晚餐，真的是船長邀請我參加船長之夜！

我趕緊換上不久前購入的洋裝和涼鞋，雖然稱不上禮服，但也不至於失禮。
到達邀請卡上的指定地點，我東張西望找「船長」身影時，一位船員對我說：「妳是來自台灣的 Artist 吧，這邊請。」
等待船長的同時，服務生送上餅乾飲料，待其他貴賓和船員陸續到齊後，船長才從容不迫前來，帶著我們一行人前往餐廳的特別席用餐。

特別席位於餐廳的中央，以隔板與其他餐桌相隔，出入口安排服務生站崗，避免其他旅客打擾這場飯局，這也讓坐在特別席的我們，更顯得獨特尊貴。

坦白說，在這麼正式氣派的方式用餐，確實不自在，既不能大快朵頤，也必須注意端莊禮儀。大夥兒彼此不相識，卻必須寒暄問候，這樣的社交場合，並不是我所擅長的。
船長多半時間以義大利文與其他貴賓交談，這時只會英文也略顯失色。
但我仍是以英文詢問船長：「請問你有幾年的航海經驗？」
「40 年了。」
本來我還想進一步提出想參觀船長的艦橋（船長駕駛室），卻又吞回肚裡，因為聽說曾有尊榮級的旅客提出此要求，也被船長拒絕了。
為了避免拒絕後的尷尬氣氛，我壓抑住欲望。
事後感到有些後悔當下沒有開口，很多事情是嘗試了，至少有成功的機會，若放棄嘗試的機會，等於失敗。

雖然沒有機會參觀艦橋，但我卻能夠擁有和船長共進晚餐如此與眾不同的經驗，確實也算特殊。

• 等待船長時，服務生先送上開胃菜和飲料.

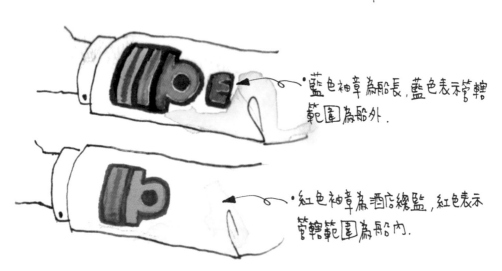

• 藍色袖章為船長，藍色表示管轄
範圍為船外.

• 紅色袖章為酒店總監，紅色表示
管轄範圍為船內.

藍色袖章的領口處都會別上此徽章.

•我們坐在12人的長形桌,每一個位子上還有立上名牌,為該特別來賓的坐位. 我被安排坐在船長旁邊,覺得好榮幸～
雖然我並不清楚為什麼會受邀請,也許因為我以『海上畫家』的身份在此工作的關係.

MSC

The Captain
cordially invite you
to dine with tonight.
20.45   Bar de Vito
dt   in Deck 6.

Greece 東地中海

・帕德嫩神殿 Παρθενών.
為古希臘雅典女神的神殿,建於公元前
5世紀的雅典衛城,可稱之為希臘最
重要的歷史古蹟之一.

對於研究古希臘歷史、文化、建築、宗教,
有深切的影響力。

建造神殿時,建構穩固,並不擔心強震;萬
萬沒想到戰爭爆發引來破壞,讓帕德
嫩神殿嚴重受損,留下的一磚一瓦,世人只
能依著歷史圖片,拼湊原貌.

【希臘雅典】

希臘的首都—雅典，有著馳名世界的古文化，也是哲學的發源地，蘇格拉底、柏拉圖，許多著名的哲學家、政治家、文學家，都在雅典誕生或居住，她的文化與政治曾對歐洲及世界文化產生重大影響。

領隊在車上介紹著雅典的歷史，同時表示希臘失業率高達25%。
此時，我望著車窗外，盡是關門倒閉的商家，寥寥可數的行人，整個城市一片蕭條，實在難以想像她曾風光繁華。
2004年希臘政府為了舉辦奧運，砸90億英鎊打造奧運運動場，卻只用了三個星期，日後，每年還需花費大筆公幣維護……
看在講求效益的亞洲人眼中，這似乎成為荒誕事蹟。

歐債危機導致經濟蕭條，在已開發國家，處處可見許多人過著貧苦生活，有失業的、討乞的、落魄的。即便生活再困苦，他們仍懂得物質是無法滿足心靈的富裕，可以過簡單的生活，自給自足，心靈的享受遠遠勝於一切。

他們不盲目追求名牌精品，不愛看電視，不讓思想隨波逐流，他們尊重他人思維，不批判否定，他們覺得生活就該浪費在美好的事物上，即便經濟蕭條，他們依舊會旅遊，享受生活。

我常在想許多人終其一生工作，認為退休後，再環遊世界，歐洲人卻認為人生須及時行樂，把握當下，懂得生活。
東西方的差異不僅僅在於文化，許多觀念截然不同；亞洲人訴求著拼經濟，凡事講求效益，以數字量化衡量成果。
仔細一想，政府媒體宣揚拼經濟的同時，無形中卻傳遞著效益的重要性，許多人為了未來出入，放棄興趣，選擇具有效益的科系或工作，漸漸地，環境影響我們獨立思考的能力，一味跟隨主流思維。

賺錢、存錢、花錢，再用物慾來滿足自我，慰勞自己，曾幾何時，已讓效益買走夢想，忘記初衷。
維持生活開銷固然重要，在這之中，如果能取得平衡點，懂得充實心靈，越是簡單的生活，越能帶來心靈的平靜與愉悅，此時，即便粗茶淡飯，也甘之如飴。

古希臘柱頭

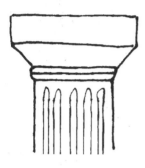

•多立克式柱.

柱子堅固結實,柱頭
平滑樸實.

•愛奧尼克式柱

柱子細長高雅,柱頭
有一對向下捲的卷渦.

•柯林斯式柱.

柱頭非常華麗,圍繞
著老莨葉的裝飾.

•希臘處處可見藍色琉璃造形物品,
那是貓頭鷹的藍色眼睛,有避
邪驅魔之用.

•從古牆上眺望古城街景，
普拉卡史華當大道 Place Strudun.
原本是一條水道，於 1468年才
填平，成為街道.

【飽受戰亂的克羅埃西亞】

一眼望去盡是橘紅色的屋瓦，一磚一瓦充滿著古色古香，這裡位於歐洲東南方，也
是媒體讚譽為「最值得一去的國家」：克羅埃西亞。

郵輪停靠在克羅埃西亞最南端的城市杜布羅夫尼克（Dubrovnik）。中古世紀時，杜
布羅夫尼克發展始於海外貿易，曾榮耀光輝一時，也經歷過三次大劫難，一次大地
震，一次大火災，一次獨立戰爭遭受兩千多枚炸彈襲擊迫害，被炸得千瘡百孔，滿
目瘡痍。一場自由之戰，換來炮火如雨般的擊碎橘紅色屋瓦和寧靜的道路，更是使
許多家庭破碎，長達七個月的圍攻，經濟陷入泥淖，六成的城市遭摧毀，即使已列
入世界遺產的老城也難以倖免。

直至 1995 年，受聯合國科教文組織協助下，杜布羅夫尼克才再次恢復城市容貌，重返昔日榮耀。

我們進入老城內觀光，古城牆圍繞著老城，霎時，男友指著他方說：「妳的粉絲在那邊。」
我不疑有他地說：「我在克羅埃西亞哪來的粉絲？！」
「就是他們呀！」我曾在船上畫過的一對夫妻倆正經過我身旁。

記得，遇到他們的那一晚，我正杵在擺攤點等待船員替我擺放桌椅和看板。
「妳是 Belle 吧！我有看過妳的部落格還有報導喔，妳好厲害，還爭取到 MSC 這份工作。」這位女士就像挖到寶般興奮地說著。
詢問之下，得知來自雪梨的他們，透過節目表單，發現我與他們搭乘同一艘船，專程來找我作畫，接下來的每一晚，他們總會到我攤位前替我拉客人，不厭其煩地向其他旅客介紹，熱情地想幫我促成更多生意。

巧遇之後，我們一起同遊古城牆，他們像長輩般關切著：「妳一個人長期在外，會不會太危險了？多久跟家裡聯絡一次？哪時候回台灣？什麼時候結婚？」
他們之所以如此提問，正因我和他們的女兒年紀相仿，就好比一面鏡子，反映出他們對兒女的關切。

與其稱他們為粉絲，不如說他們是疼愛晚輩的長輩們，以同理心看著我的旅遊點滴，以熱情的態度為我加油打氣，以關心的方式給予支持。
我一直接收著多方的支持與肯定，隻字片語，我都感受到了，謝謝。

• 我們一起漫遊古城牆時，我趕緊問他們領隊介紹些什麼，因為我只顧著拍照，完全沒有聽解說。
至於男友嘛～每次請他負責聽解說，他居然是聽完馬上忘光的人，完全不能提供太多資訊。（無奈……）。

· 全長兩公里的古城牆圍繞著古城，
古城牆 地勢隨著地表高度而高低
起伏, 平均城牆高度為22公尺, 靠近
海平面的厚度為 1.5~3公尺, 靠近陸
面的厚度為 4~6公尺.

· 當地購買的手工製馬克杯, 一個16€,
支持藝衍行無價.

· 古城牆一面臨海, 另一面為住宅區, 不時可看到當地居民生活形態,
可說在世界文化遺產裡面曬棉單晾內褲呀～

Bella 雅
20.Jul.201

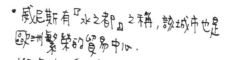

・威尼斯有『水之都』之稱, 該城市也是歐洲繁榮的貿易中心.

1450年, 有三千艘商船, 分別作為戰艦或運輸船用, 至今我想都已轉為觀光船了吧.

嘆息橋以巴洛克式設計主封閉式拱橋建築, 兩端街接著法院和監獄, 過去犯人行刑前, 又能憑過小窗子向外觀看, 便會嘆息著人生即將結束, 嘆息橋因此得名.

【浪漫水都，威尼斯】

學生時期跟著遊學團遊歐，當時懵懂的我，對未知的環境充滿不安，不敢帶著包包出門，甚至將鈔票藏在襪底，那是我第一次造訪義大利威尼斯。
多數人認為義大利很危險，當時我也在那樣的情況下，有著相同觀念。

我們在威尼斯下船後，必須開始搬運笨重的行李，爆多又重的行囊，換來男友不停碎念，才剛下船，兩人已經開始想念郵輪旅遊的輕鬆便利。
男友是第一次造訪威尼斯，他忐忑不安神經緊張，舊地重遊的我反而一派輕鬆淡定，並不是因為它曾是造訪過的城市，而是我開始在旅行中提高警覺，敏銳觀察。

某次，在機場遇到一群人身裝輕便，手拿一張地圖偽裝觀光客，搭乘電扶梯時，他們刻意將我和友人分開，我驚覺有異，同時告知友人要小心留意，我們倆緊盯著那群人，讓他們沒有機會下手，因此離我們而去；過一會兒，不遠處傳來吵架喧嘩聲，原來剛剛那群人偷一個老先生的皮夾，被其他人以現行犯逮個正著。
這次，在威尼斯吃著冰淇淋一邊欣賞櫥窗內的擺飾品時，一名男子同樣輕便裝扮，既不像觀光客，也不像當地居民，他看似正在欣賞櫥窗內的水晶飾品，身子卻緩緩

地靠近我，我驚覺有異狀，後退一步並將包包抓得更緊，直覺告訴我：他是扒手！
我趕緊通報男友：「那個人是扒手，剛剛還想接近我。」
男友一臉狐疑地說：「妳又怎麼知道他是扒手？！搞不好人家只是要看櫥窗內的東西，被妳擋住而已。」
雖然這次沒有逮個正著，卻從他打量人的眼神露出端倪。
這回在威尼斯，我們遇到反毒連署簽名活動，說穿連署簽名活動，不過是假連署真詐財；又遇到強迫性消費，誤吃一盤 48 € 的義大利麵。
坦言之，即使遇到這些種種，我仍不覺得義大利如傳言中危險，世界各地的熱門景點永遠小偷扒手猖獗，騙子詐騙金錢，我也不會為了避免被當肥羊，而穿著低調樸實，我依然穿著自己喜歡的裝扮，拍出美美的照片，我也不會再將財物藏在內帶腰包或襪底，因為我知道那其實防不勝防，我只知道提高警覺，時時警惕自己，那比任何防範更具效益。

離開前，他們客氣地詢問我是否能為他們作畫，當下我拿出早已畫好的畫送給他們，讓他們驚喜萬分．

【強風大浪把我吹向蘇黎世一家人】

公海日是一整天都在海上漂泊的日子，所有旅客盡情享受船上設施。對船員而言，這是讓他們忙碌不堪的日子；對我而言，由於每次一靠岸我總是迫不及待探索新世界，公海日則成為我強迫充電休息的日子。

我喜歡一整日望著遼闊海際，享受在海上漂泊的日子，彷彿偷得浮生半日閒，和其他旅客一起享受船上設施，游泳、泡按摩池、曬日光浴、看秀，沈醉在慢活人生。

卻在某次的公海日，天氣驟變，烏雲密佈，清楚可見甲板上的風雨交加，波濤洶湧的海浪使平穩的船身高低起伏。住在 13 樓的我，船身搖晃的感覺特別明顯，忽然感到暈眩，食慾不佳，我想我是暈船了。

我趕緊鑽回床上，想藉此得到平穩，不妙的是，床也是一直搖晃著，頭暈目眩，反胃讓我感到一陣噁心嘔吐。此時，船上以各國語言廣播：「各位旅客，由於天氣不佳，為了各位旅客的安全考量，原本明日前往突尼斯，將改為前往西西里島，不便之處請見諒。」

聽到此時，就像給我一劑強心針，西西里島掀起我強烈的好奇心。是的，我必須養

精蓄銳，隔日將是面對一個全新的城市，而且是一個意外航線。

踏上西西里島平穩的土地，特別有種安定感，終於不再搖搖晃晃，我拿起相機隨意拍照逛逛，看到一位父親正在為家人拍照，當時我心想，他們應該會想拍合照留念吧，我便主動提議幫他們拍照，我們互相幫彼此照相後，那位媽媽問我：「妳是一個人嗎？」我點點頭，接著她似乎擔憂我一個人的安危，便說：「Zusammen（德文：一起）。」

於是，原本只是想隨意逛逛的我，因緣際會加入他們一家人的行列，他們是義大利人，早期因工作因素移民至瑞士蘇黎世，不太會講英文，卻說著流利的德文和義大利文，我與他們以英文參雜著簡易德文溝通著，一起走在古城的蜿蜒巷道時，他們邀請我去蘇黎世旅遊，當時我並沒有安排結束這份工作後的行程，於是我馬上跟他們確定到達的日期，互相留下聯絡方式。

下船後，我也如期來到蘇黎世，入住他們家中。雖然蘇黎世不大，我卻待了兩週，因為在船上工作時，遊走 6 國 14 城，每天面對新的開始，不停旅遊、不停畫圖、不斷吸收新鮮事，而我需要時間和空間沈澱。一場幸運的際遇，讓我遇到他們，接受他們的招待。
這段期間，他們除了當起我在蘇黎世的嚮導，讓我了解當地文化，還教我如何做義大利披薩、瑞士起司；而我教他們如何包鍋貼、餃子、台式沙茶炒麵，歡樂的生活點滴相處，讓我們交流中西文化。

我常常在想，如果我不是一個人旅遊，或許就無法與他們相遇，更不會有文化交流。而每一次一個人旅遊，表面上看似獨立堅強面對所有人事物，卻也因此讓我結識更多朋友，在旅行中得到驚喜，留下難忘的回憶。

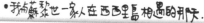

•我和蘇黎世一家人在西西里島相遇的那天.

自製起司

・材料：

牛奶-2升.　　凝乳酵素.　　檸檬汁.　　　鹽

・作法：

1. 將牛奶倒入鍋中,以45度溫度加熱,不需滾燙.

2. 加入一滴凝乳酵素後,朱溫存放30分鐘～2小時,低溫可產生凝乳,半軟質起司,高溫可產生有彈性的凝乳,為硬質起司.

3. 可加入檸檬汁和適量的鹽，製成醋起司。

4. 當凝固到一定程度時，產生乳清，將凝乳放入濾網，使乳清與凝乳分離。（乳清營養價值很高，可保留飲用。）

5. 經過幾次瀝乾，即可食用，存放一個月還可成為硬質起司。

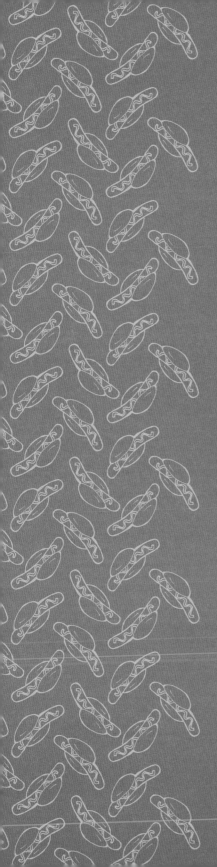

Germany

回到德國

周遊 13 國後 ....

Belle. 莊蕙如
2014. Bremen

Germany 德國

• 不來梅市政廳前的『不來梅城市樂手』的雕像.

格林童話中,『不來梅城市樂手』是指四隻動物,分別為驢子、狗、貓,和一隻雞,因年紀太大,主人意圖宰殺,他們逃出來後卻意外碰在一起.

他們便一同組起樂團,準備前往不來梅當城市樂手,在途中發現一間小木屋,屋內強盜正在分贓,於是四隻動物一個站在一個背上,演奏音樂想換取一頓餐飯,卻意外嚇走強盜.

後來,他們合力趕走強盜,讓強盜誤以為木屋裡有怪獸或魔鬼,放棄小木屋,而四隻動物開心得住了下來.

他們的故事因此成為不來梅的象徵之一.

・離別前，他們送我 Bremen 紀念袋.

【不來梅老夫婦】

下船後，我帶著在船上所賺得的旅費，不急著回德國工作，為了多體驗各國風情，展開一連串的旅遊，造訪瑞士、荷蘭、捷克、奧地利、匈牙利、比利時，最後才回到德國。

馬不停蹄的旅遊，其實會耗盡體力與心靈，當我發現自己不再輕易受美景感動時，則會找地方安頓，停歇沈澱。有時入住朋友家，有時受船上的旅客邀約招待，有時沙發衝浪，也因旅行繪畫家的光環，總是能輕而易舉找到願意長期接待的屋主。

然而，每一次體驗沙發衝浪，就像打開驚喜禮物一樣，無法預計會在什麼樣的環境生活，無法預料沙發屋主如何接待自己。

我曾碰過不投緣的屋主，雖像是入住免費旅館，待在那裡卻一刻也不自在；也碰過有的屋主只想交女友，不想交朋友；也曾遇到屋主熱心友善，卻提供骯髒不堪的環境。曾經有人問我沙發衝浪既然有風險，為什麼不直接去住旅館？

直到某次，我即將前往一個沙發衝浪不普遍的小鎮，遍尋不著沙發屋主願意接待我。在無人接待的情況下，我只好訂了青年旅館，不安的情緒卻湧上心頭，我心想……不能沙發衝浪，無法得到當地最正確的資訊，就無法以最快的方式融入當地生活，

心中百般不願與一般觀光客同行，這時，才知道自己已經喜歡上沙發衝浪每一次帶來的驚喜與當地人的交流。

旅遊不來梅期間，受一對老夫婦接待。他們家位於偏遠鄉間，以傳統德式建築風格搭建木屋，搭配百花綻放的花園，前方的草原內還有馬兒奔騰，別有一番德國鄉村風味。
在我們介紹彼此之後，老先生與我分享他的收藏與嗜好，突然他問我：「台灣的國旗長怎樣？我買不到台灣的國旗。」雖然只是一句無心的話，我卻銘記在心。

停留短暫數日，他們接待我如同遠方的親友，擔心我會迷路，接送我至車站，為了熱情款待我，替我準備三餐，夜晚時還在花園營火 BBQ，偶爾和他們的狗狗一同玩耍。為了善盡地主之誼，帶我遊走觀光景點和私房景點，讓我擁有愉快的旅程，美好回憶。

有時為了答謝屋主的招待，我會在離別前送上畫作，作為驚喜答謝禮物，但當時我沒有攜帶畫具。於是，我在離開後數日，畫下他們的畫像，並附上一面台灣國旗寄送給他們，滿足老先生收藏各國國旗的嗜好，也傳達我的謝意。

他們收到畫後，合影拍照給我，並跟我說：「Belle，妳會永遠在我們心中。」
看到照片，心裡感到欣慰，人與人相處讓旅行更值得回憶。

•老夫婦分別拿著國旗和畫合影，照片中仍忘將他們的狗狗一同入鏡．

• 不小心幫他剃成光頭，這是那一天晚上
他戴著帽子出門的模樣，我將他畫了
下來。

Belle 璐
11. Aug.
Frankfurt.

【德國人是肉食主義】

談論起德國人，我會說他們個性呆板、死腦筋、做事情不懂得變通，但他們守法，
不占人便宜，當他們把你視為自己人時，將會全心全意對待，和他們交朋友讓人感
到安心自在。

在其他沙發屋主的引薦之下，我不費吹灰之力找到法蘭克福的沙發衝浪。
Karsten 是一個典型的德國人，他的家中擺設與佈置有條不紊，每天按計劃行事。入
住他家的第一天，他提出一項規章：他不在家時，我也不能在家。聽到此不成文規定，
我向他提議更改，他未立刻答應，當下我有股想離開的念頭。
隔日，他默默觀察我的行為，確定能夠將屋子交給我後。他在出門前，將鑰匙交給我，
也打破規章讓我獨守。
我漸漸發現他還有所有德國男人的共同點，每一餐可以不吃青菜，但一定要吃肉。
他們都不愛下廚，卻熱愛女性為他們準備美食佳餚，我也因此展現廚藝，博得讚美。

某次我將前往他國旅遊一週，將大行李放置於 Karsten 家中，結束旅遊後再返回。不料 Karsten 請我幫忙先醃製一些肉或煮好一些食物放在冰箱，他希望我離開的期間，他還是可以享受美食。

我心想……這傢伙也太誇張了，便跟他說了懶人吃餅的故事：「你知道嗎？！曾經有一個人非常懶惰，有一次他母親出遠門，無法每日為他煮飯，於是做了一大塊餅掛在他的脖子上。但是當他母親返家後，發現他還是餓死了，因為他太懶了，只吃了脖子前面的餅，卻懶得把脖子後面的餅轉到前面吃。」

「妳放心，我會記得把脖子後面的餅轉到前面來吃。」他厚著臉皮笑笑回覆。

還有一次，他請我幫他剃頭髮，我不小心失手將側邊剃出光禿禿的飛機跑道，只好順勢將整顆頭越剃越短，參差不齊呈現窟窿坑洞狀。當時他趕著出門，不照鏡子戴上帽子就離去，我卻忍不住狂笑著他的滑稽髮型；直到他返家後，用認真的口吻對我說：「妳可以再幫我修一下嗎？我發現我的頭上好多個洞。」聽到此話，我再次放聲譏笑。

再次修剪，已剃成光頭，卻意外得到親友同事的好評，開啟他往後的光頭路線。

停留在法蘭克福期間，他像一個盡責的嚮導，帶我遊走法蘭克福，品嚐德國道地美食，參加德國人的 BBQ Party，我則每日烹煮台式、西式、日式各式料理回報他，他總會在一旁當廚房助手，同時學習烹煮與醃製，一起聊著彼此的生活，一起分享，就像朋友般的交流，已不是屋主與沙發客的距離。

我準備返台的前一晚，再次應他要求把冰箱放滿醃製好的肉，接著他對我說：「妳是一個完美的沙發客，也是一個很棒的畫家，我很幸運能招待妳，謝謝妳烹煮的美食佳餚，謝謝妳幫我準備食物，謝謝妳送我的畫，謝謝妳幫我剃頭髮，我祝福妳有美好的未來，即使在台灣或是其他國家的旅遊……不知道為什麼，妳的離開感覺就像失去一個室友一樣……感傷……」

「謝謝妳的招待。」我簡單的回覆，心中卻有千言萬語，我想彼此之間的真心相待，已不是言語能表達。

蘋果酒的杯子

某次，我們一起在市集玩免費轉輪盤遊戲，我很幸運抽到一個玻璃杯，杯子上有著別緻的菱格紋造型刻紋，還印上 Frankfurt 字樣，作為該城市的紀念品相當有意義。

此時，Karsten 說：「這是蘋果酒的杯子，妳抽到最好的獎項。」

我還在思索著他的話語，接著他又說：「就是上次我帶妳去餐廳吃豬腳，還有幫妳點一杯酸酸甜甜的飲料，那個就是蘋果酒，也是法蘭克福的特產喔。妳運氣真好，抽到蘋果酒專用的杯子，那妳該買一小瓶蘋果酒帶回台灣。」

「蘋果酒的杯子？！這杯子很漂亮，但我可以裝水喝吧？！」我可不想為一個杯子而帶酒回台灣，而且怎麼看，只不過是一個菱格紋的玻璃杯。

「那是蘋果酒的杯子。」他嚴正表示。

「那我可以拿來裝汽水或果汁嗎？」

「那是蘋果酒的杯子！」他再次強調，又說，「基本上，那個杯子已經屬於妳的，妳可以拿來裝任何妳想要裝的東西，但是別讓德國人知道妳裝了蘋果酒以外的東西。」

這一番話，讓我再次見識德國人的一板一眼，為了蘋果酒專用的杯子，我特地買了一公升的蘋果酒帶回台灣，而那杯子至今，也只有裝過蘋果酒，因為那是蘋果酒的杯子。

結束旅程，畫完夢想

從前的旅行，作為生活中的充電度假；現在的旅行，琢磨出更多想法與歷練。以前從來不覺得我能夠獨自旅行，總認為旅行需要結伴同遊，當我踏出那一步後，漸漸發覺一個人，讓旅行有更多時間思考，思索著夢想與未來，多了更多時間與自己對話。

這一年，隻身遊走十幾個國家，成為海上畫家；在這段時間，體驗異國文化，增廣世界觀，在未知的領域跌跌撞撞。期間，我低潮過、哭過、病過、失落過，曾感到旅行的孤寂和惆悵，沒有人分享、沒有人懂。我躊躇著，心裡盤旋著些什麼，一再與自己的內心糾結。

憶起學生時期，老師曾對我說：「能將興趣和工作結合，是最棒的事，如果妳喜歡畫畫，就專注朝這條路走。」當時懵懂的我，一味喜歡畫畫，不懂工作與興趣結合的意思。出了社會後，成為被案子追著跑的設計師，總有許多想法逐日被壓榨，專業被不專業牽著走，讓我更不懂工作與興趣結合的意思；直到我出走後，才體會到這句話的涵義。

多年的學習磨練，興趣成為專長，曾因此倍感壓力。在這之中，學著自我調適，創作的作品為他人帶來感動，也為自己帶來成就，成就感驅使著我繼續向前邁進，我越來越樂在其中，從未以「數字」衡量一切，不盲目追隨主流思想，跳脫框架的思考，敞開心胸擁抱世界，得到更多意想不到的收穫。

起初，寫部落格是為了分享給親朋好友，卻漸漸受到網友關注，為我加油打氣。出書是為了完成心中的夢想，單純想為人生寫下一段記錄，卻因此得到廠商青睞與贊助。再次出走，無形中受惠於他人，得到許多人的支持與鼓勵，令我消解不少孤獨與寂寞的感傷，也將夢想的藍圖越畫越大，為了挑戰自我極限，盡可能嘗試不同的體驗，突破自我。

成為海上畫家，是一個聽起來遙不可及的夢想，但我做到了。

還是上班族時，曾經有人對我說：「妳這麼喜歡旅行，有沒有考慮邊旅遊用畫畫來記錄生活呢？靠畫畫賺取旅費。」

當時的我認為自己無法跳脫安逸生活，不能接受不穩定收入，認為人生就是按部就班，直到給自己跨出那一步的勇氣後，才驚覺世界寬廣，想要完成的夢想還很多，不該墨守成規，並非循規蹈矩的人生，才是圓滿。

我一再勇於嘗試，如今成為「旅行繪畫家（Traveling Artist）」，不僅沒有穩定收入，也沒有安逸生活，還必須面對人生隨時可能因某種機緣，而徹底改變的可能性。我不畏懼，還享受其中，這是我一開始就選擇的旅途，這是我所選擇的人生方向，更不想平平白白放棄萌起的夢想，因為我知道所做的每一份努力，奠定未來的基石。

一次又一次的經歷，更讓我深信事在人為。追逐夢想，除了勇氣，還要有一份堅持。

一年澳洲，一年德國打工度假，從路上畫到海上，從澳洲畫到歐洲。歐洲不如澳洲溫暖，度過難熬的寒冬，苦苦等待郵輪工作內心百般煎熬，顛簸的旅程卻讓我心靈富裕，深受藝術設計的薰陶，獲益良多。我不再是坐在電腦前，翻翻雜誌尋找靈感的設計師，我不再跟隨他人的影子創作發想，我不再盲目追尋創作靈感，這一切已從旅行中獲得，同時也摸索出人生方向。

真正將興趣與工作結合，畫出夢想中的藍圖。

・感謝 Sponsors：
大登旅行社．
MSC地中海郵輪公司．
Aigle 法國戶外休閒旅遊服飾．
EF國際語言文教機構．

Belle 畫畫玩歐洲
帶著畫筆上郵輪工作的夢想家

圖文作者 / 美術編輯　莊蕙如 Belle
總編輯　汪若蘭
責任編輯　徐立妍
行銷企劃　高芸珮
封面設計　賴姵伶
發行人　王榮文
出版發行　遠流出版事業股份有限公司
地址　臺北市南昌路 2 段 81 號 6 樓
客服電話　02-2392-6899
傳真　02-2392-6658
郵撥　0189456-1
著作權顧問　蕭雄淋律師
法律顧問　董安丹律師

2014 年 05 月 01 日　初版一刷
行政院新聞局局版台業字號第 1295 號
定價　新台幣 320 元（如有缺頁或破損，請寄回更換）
ISBN 978-957-32-7398-1
YL*ib* 遠流博識網 http://www.ylib.com E-mail: ylib@ylib.com

特別感謝：

大登旅行社
MSC 地中海郵輪公司
AIGLE 法國戶外休閒旅遊服飾
EF 語言文教機構

國家圖書館出版品預行編目 (CIP) 資料

Belle 畫畫玩歐洲：帶著畫筆上郵輪工作的夢想家
／ 莊蕙如作 . -- 初版 . -- 臺北市：遠流，2014.05
　　面；　公分
ISBN 978-957-32-7398-1(平裝)
1. 遊記 2. 歐洲

740.9　　　　　　　　　　　　　　103006070

• 快閃街頭藝人.

柏林的車站內不時可見乞丐向乘客乞討,偶爾會有快閃街頭藝人竄入車廂內彈唱表演,並向乘客討賞,便快閃離去.

有的乘客對此感到厭惡,每當有街頭藝人在車箱內表演時,總會流露出厭煩的表情,並不給予任何打賞.

但對我而言,既新奇又有趣,反而搭車時期盼能欣賞街頭藝人的興演出.

• 穿梭市集的乞討幫.

大多來自中東國家,他們通常單獨行動,我倖巧拍到他們討論戰況的情景.他們手拿一張小字條,處處詢問是否有人會講英文,接著遞出小字條,字候寫著:他沒有工作,小孩都生病了,便直接開口要錢.

• 老外的詐騙術.

一群人在攤販前猜哪個盒子裝有小球,猜中得到50€,猜錯即失去50€.看似容易,但當輪到你時,將永遠成為輸家,因為那群人全是一夥的詐騙集團!讓我百思不解的是,柏林裡充作著各國人種,大多是外來者,個個說著一口流利的德文,也有健康的體魄,他們卻選擇乞討詐騙作為謀生方式?!

AIGLE

DEPUIS 1853

PARIS . LONDON . TOKYO . NATURE

一生必去的偉大旅程

以夢想為題，傳頌地中海的優雅

帶您暢遊
浪漫歐洲：

▶ 法國 ▶ 德國 ▶ 丹麥

▶ 瑞典 ▶ 挪威 ▶ 西班牙

▶ 義大利 ▶ 土耳其

▶ 聖彼得堡 ▶ 愛沙尼亞

▶ 克羅埃西亞

▶ 舒適豪華的觀海高級套房

MSC
地中海郵輪
歐洲郵輪第一品牌

帶您遨遊歐洲各大浪漫城市
地中海郵輪就是您的海上皇宮
不趕行程 不用坐車奔波
好久不曾有過如此愜意的旅行

輝煌氣派的船內設施 ◀

最悠閒浪漫的歐洲之旅 ◀

在美麗的旅途中,遇見幸福

MSC地中海郵輪

— · 歐洲郵輪第一品牌 · —

旅行、魔術、遠離喧囂、放空心靈……選擇全球最摩登奢華的郵輪艦隊會給您帶來更多的體驗。浪漫的意式風情、卓越的舒適享受、無微不至的體貼關懷以及對綠色環保的友善關愛,讓您的旅途即是目的地。我們以此為豪。

珍愛號
Preziosa
137,936噸
義大利、希臘、土耳其、克羅埃西亞

詩歌號
Poesia
92,400噸
德國、丹麥、瑞典、挪威、愛沙尼亞

抒情號
Lirica
92,406噸
杜拜、阿布達比

幻想曲號
Fantasia
137,900噸
克羅埃西亞、義大利、希臘

輝煌號
Splendida
137,900噸
法國、西班牙、義大利、北非

音樂號
Musica
92,400噸
法國、義大利、突尼西亞、西班牙

徵　才:歡迎對旅遊服務業富有熱忱及理想的各路豪傑,加入我們!

金磚.
地上金磚刻印是藝術家為了紀念猶
太人而設計的,每一塊金磚也立於各各
房屋建築物前,代表著該名猶太人從
此住屋處被抓走.
旅遊歐洲時,不妨留意腳下的金磚.

• 歐洲的廁所需付費,也因此有許多人
會就地解內急,在巷弄間不時可見男
性掏槍解急,而這情況在啤酒節更
為普遍.

• 在德國的瓶身上有此標記,皆可在超商換錢或換食物.一個
瓶子約0.25毛.此舉推動環保,也讓人們養成撿瓶子回
收的習慣.
我曾目睹穿著光鮮亮麗的人們翻到垃圾桶撿瓶子.